PHP
Business Shinsho

活躍する人のセオリー

強みを活かす

Tetsuhito Soyama
曽山　哲人

PHPビジネス新書

まえがき

自分らしく仕事がしたい。自分の力を発揮したい。

就職活動で話す学生からも、会社の中で働く社会人からも、成長意欲のある人からはよく聞く言葉です。そしてこれは、会社や学校、団体など組織に所属する多くの人の悩みの種でもあります。

自分らしさ、自分の力や才能。こういったものは最初から見つかるわけでもなく、実際に組織に入るとそのよさが出るどころか、ダメな点ばかりが目についてしまうことすらあります。自信がなくなって、いろんなことがいやになったりして本来の自分ではないような感覚をもつこともあります。

一方で、若いうちから活躍し、成長を続ける人もいます。四〇代や五〇代であっても今なお成長を続けている人もいます。仕事に対しての苦労があったとしても、表情は明るく、発言も前向き。いつ会っても楽しそうで元気に見える。

この二つの間にあるものは何でしょうか。それは、「自己効力感」です。セルフ・エフィカシーという英語で表現されるこの言葉は、ある状況に対して自分がうまくやれるかどうかの可能性をどれだけ信じられるか、つまりできそうかどうかを感じる力のことを言います。

ダメな点ばかりに目がいくのは自己効力感が低い状態であり、前向きに取り組んで自分の可能性を信じているのは自己効力感が高い状態です。

では、自己効力感を高くするにはどうすればよいのか。

それは、「強みを見つけ、活かすこと」です。強みを活かすとは、その本人がもっている才能を開花させること。自分が気づいてない、自分が本来もっているポテンシャル、潜在能力を引き出せているということです。

「強みを活かす」ことを言い換えると、夢中になっている状態とも言えます。他の人にはできない、相対的に他の人より優れていること、もしくは他人との比較ではなく、自分の力が大きく引き出せる状態です。これこそがまさに、強みを見つけ、才能を開花させるということです。

私にはサイバーエージェントというインターネット総合企業で、一〇年以上にわたる人事責任者としての経験があります。社員が二〇名のころから数千人を超える現在まで、多くの活躍する人材や、才能を発揮している人材を社内外で多数見てきました。
そんなある時、ご連絡をいただきました。「サイバーエージェントの先進的かつ人間大事の人事施策は、松下幸之助哲学の現代における実践とも言え、学べる点が非常に多い」。PHP研究所の皆様からいただいたこの取材のご依頼が、今回の出版のきっかけです。
この本の出版では、クラウドファンディングと呼ばれる支援募集の仕組みも活用しています。幸いにも、想像以上の反響とたくさんの応援が集まり、目標金額も大幅に超えて達成することができました。このプロジェクト支援の特典の一つとして、本書の最後の部分にお名前を掲載しています。

強みを見つけ、活かす。

この本が、みなさんの才能開花のきっかけになりますように。

二〇一七年六月　曽山哲人

強みを活かす◆目　次

第三章 強みを活かす話し方

第四章　強みを伸ばす

第五章

強みを活かすマネジメント

【対談】実践・強みを活かす
社員全員がリーダーシップを発揮する取り組み
GEジャパン株式会社　人事部長　谷本美穂氏　217
一人ひとりを「面白がる」イメージで
株式会社リクルートホールディングス　人事統括室長　瀬名波文野氏　233
あとがき　250
「強みを活かす」プロジェクトメンバー　251

編集協力：坂田博史

第一章

なぜ強みを活かすのか

人材育成から才能開花へ

人は育てられるものなのか、育つものなのか。

一般的によく使われる言葉として「人材育成」という言葉があります。この言葉には紛れもなく「人を育てる」という意味が含まれていますが、はたして本当に「人を育てる」ということはできるものなのか。

たしかに育成プログラムなどを通じて成長を遂げる人材がいることは間違いありません。ただし一方で特に育成された環境でなくても、勝手に育つ人もいます。たとえば急成長した企業の経営者には「誰からも育てられていない」「経験を通じて学習したことしかない」と感じている人もいます。

私は二〇名程度だったサイバーエージェントに入社してから約二〇年、活躍する人材をたくさん見てきました。特にこの一〇年は人事責任者として、社内や社外に限らず成果を出し続ける人がどのような人なのかを観察してきました。

そういう状況においてもしっくりとした答えを生み出せない問いが、この「人を育てることはできるのか」。先ほどの勝手に育つ事例がある以上、人材育成という言葉には言い足りてない感覚と、若干の上から目線を感じるのです。人材育成を手掛ける自分が上位にあり、育てられる側はすべて下位にあるという解釈をすると、この言葉には「お前を育ててやる」という意味が含まれてしまうのです。こういう理由もあり、私は「人材育成」という言葉はあまり積極的には使わないようにしています。

そこで、「人材育成」よりもよい言葉がないか、と探しているときに見つけたのが、「成長支援」という言葉でした。人の成長を支援する、人の成長の手助けをするという意味でよい言葉なのではないかと思ったのですが、冷静に考えるとそうでもありません。「支援」という言葉に、「未熟な君のために、私たちが成長の場をつくってあげますよ」というニュアンスを感じてしまうのです。

「人材育成」には、「お前を育ててやる」という上から目線があり、「成長支援」には、「卑下しすぎて甘やかしている」というニュアンスが含まれている。

こうして悩んだ末にいきついたのが、「才能を開花させる」という意味の「才能開花」という言葉でした。一人ひとりがもっている才能を開花させることができれば、その企業や組織、チームを今の状態よりもはるかに強くすることができるのではないか。そう思ったのです。一〇〇人のメンバーがいる組織で、一〇〇人全員が才能を七〇パーセント発揮している状態よりも、一〇五パーセント発揮している状態なら当然業績も変わってくる。一人の力を、より引き出すことに力を注ぐというのは生産性向上のための大切な考え方です。

これからは企業間で「才能開花競争」が始まります。労働人口が減り、より少ない人数でより大きな成果を生み出す必要がある中では本人がもっている可能性を見極め、最大限に才能を引き出す。ここに手間暇をかけ投資をする会社が永続的に成長し、個々の才能を大切にしない会社が苦労する。そういう時代が迫ってきています。

「才能」は、言い換えればその人ならではの強みです。一人ひとりの才能や強みを見つけて伸ばし、活かすことこそが人事においては最も大切である。入社してくれた社員に対して「いかに個々人の才能を開花させるか」ということに時間をかけることで、社員個人にも会社全体にもプラスになると考えて、試行錯誤を繰り返しています。

ただ、「才能開花」は命令してできるようなものではありません。「才能を出せ」と命令されたところで委縮するだけです。その人がもっている才能を引き出すということはとても難しく、簡単ではありません。

では才能を引き出すにはどうすればいいか。それは、才能が開花する「環境をつくる」ことです。大きな仕事を任せたり、対話によって背中を押してあげたりするなど、その本人が自分の強みを引き出せるような環境をつくることで才能が発揮されやすくなります。

そのためにまずやることは、メンバーの強みを見つけること。

リーダーがメンバーの強みを見つけるだけでなく、リーダー自身が自分の強みを見つけ、メンバー自身が自分の可能性に自ら気づけるようにすることが、「才能開花」への第一歩となります。

人は強みを押し付ける

一人ひとりがもっている才能はみんなバラバラである。言葉で言えばとても簡単で当たり前のことですが、それでも仕事になるとついこの視点が忘れられがちです。自分のやり方や考えをそのまま要求するが、なかなかうまくいかない。この苦労は私にも経験があることです。

たとえばあるリーダーの視点。「俺にできたのだから、部下にもできるはずだ」と考える場合があります。自分がこれまでうまくいった仕事のやり方や、仕事のスタイルをチームのメンバーにも同じようにやってほしいと無意識に感じている人もいます。

「メンバーには個性があり、一人ひとり顔も特徴も違う」と頭ではわかっていても、「仕事のやり方は自分と同じやり方でやってほしい」と考えてしまう。こういう状況を、私は**「強みの押し付け」**と呼んでいます。あくまでそのリーダーにはよかったやり方であっても、それはそのリーダーが強みを発揮するやり方だったから。部下やメンバーからするととても苦手なやり方かもしれません。組織においてはこのような「強みの押し付け」が日々起きています。

かく言う私自身、リーダーとして自分の仕事のやり方をメンバーに押し付けていた時期がありました。私は、二〇〇五年に人事本部長として異動する前は、広告営業部門にいました。サイバーエージェントに入社後、営業として成果をあげ、マネジャーに昇格したばかりの時のチームメンバーは四人。その中でも成果を出すメンバーとそうでないメンバーがはっきりしていたのです。

山田さん（仮名）は、私の指示命令に素直に従い、見事な業績をあげていました。私にとって模範的なメンバーでした。一方、鈴木さん（仮名）は天真爛漫な性格で、お願いした仕事も「やりました」と言うけれども実はやってくれていない。なかなか結果も出ません。私はいつも鈴木さんに対して、「なんで私の言う通りにできないのか」と言って怒っていました。

そこで「事件」が起きます。あるとき鈴木さんが隣のチームに異動になりました。そして翌月、その月の受注金額に関する表彰の時、鈴木さんがいきなりMVPをとったのです。私のチームにいた時には一度も表彰されたことのないにもかかわらず、です。これには本当に驚かされるとともに、自分のマネジメントへの自信が揺らぎました。

「隣のチームのマネジャーは、どうやって鈴木さんの成績をあげたのだろう」

そう思った私は、隣のチームマネジャーに何があったのか聞いてみました。すると「**好きなようにやらせている**」という言葉が返ってきたのです。観察してみると、隣のチームのマネジャーは、鈴木さんが思いついたアイデアに対して、**「いいじゃん、いいじゃん。やって、やって」**と、どんどん好きに進めさせていました。鈴木さんに案を出させ、それを褒めて、鈴木さんに実際にやらせていました。成果が出れば褒め、成果が出ないときには、鈴木さんに考えさせて、鈴木さんに責任をとらせる。

私はまったく逆で、「俺が責任をとる」とかっこいいことを言いながら、命令を下すことしかしていませんでした。だから鈴木さんの強みが生かされることもなく、才能は発揮されず、結果も出ていなかったのです。自分もゼロから努力して当時の実績を積み重ねていたので、「ゼロからやれば誰にでもできる。私のゼロからの経験をそのままやってもらえれば成功するはずだ」と思っていました。

だからこそ迷いもなく自分のやり方や考え方をメンバーに要求していたのです。今となっては押し付け以外の何物でもありません。そうしたやり方が苦手な鈴木さんにとっては、自分の弱みで営業をしていたことになります。これでは成果が出るはずもなく、そのうちに私の指示命令にも従わなくなったというわけです。

隣のチームのマネジャーは、鈴木さんの思い通りに仕事をやらせていました。最初は失敗もありましたが、徐々に成果が出始めると、鈴木さんに自信が芽生え始め、次々と受注をとってきました。その結果が、月間MVPだったのです。隣のチームのマネジャーは、鈴木さんの強みを活かすことに成功していたのです。

なかなか成果の出ていないリーダーは改めて「一人ひとりがもっている才能は全員違う。だから活かし方も変えていく必要がある」ということを認識する必要があります。自分の強みと、メンバーの強みは同じではないからです。

逆に「自分にはない強みが、どこかにあるはずだ」「自分にできないことで部下にできることは何か」という意識をもっているリーダーはメンバーの力を引き出すことができます。

自分と他人は違うということを理解し、メンバー一人ひとりの強みは自分とは全然違うのだということを前提にすると、メンバーやチームが自分の想像を超える業績をあげるようになります。

弱みを見せると強みが活きる

「弱みを見せてはいけない」

そう思っている人もいるかもしれません。しかし実は成果を出している人ほど、自分の不得意、つまり弱みを素直に認めているのです。成果を出している人は、自分にはできないことや苦手なこと、つまり自分の弱みを自ら認め、さらにそれを周囲にも伝えています。

弱みを認めることは、自分のプライドを傷つけるような気がするかもしれません。でも弱みを認めることで、自分の強みにより一層向き合うことができるようになります。弱みを認める余裕が出るからこそ、その分強みの発揮に自分の力を注ぐことができるようになります。

リーダーも成果を出す人ほど、自分の得意なことと苦手なこと、つまり自分の強みと弱みをまず自ら認識することから始めています。あくまで成果から考えて、自分という資産をどう使うのが最も大きな成果につながるのかを考える。自分の弱みが露呈するというものは自分だけのプライドの話ですが、組織の成果はあくまで自分だけのものではなくチームのもの。チームの最大の成果から考えると、自分の強みを最大化するほうが業績にもつながると考えることができるようになります。

自分の弱みを認めると、メンバーの強みに注目し、期待をかけることができるようになります。これは組織成果のために自分の弱みを埋める方法を考えるからです。

「それは自分には難しいので、やってもらえるかな」

自分のできないことを認めて、ほかのメンバーに期待をかける。こうした発言は、サイバーエージェントの経営陣の口からも出ます。私は人事として新卒入社メンバーから経営陣までいろんなメンバーとよく話をしていますが、上にいけばいくほどできないことをサラッと認めます。冷静に考えれば経営陣だって無敵ではありません。苦手なことや弱みがあるのは、人間ですから当然です。それを隠さずに素直に言えばいいのです。

「これは不得意だけど、そのかわり、これはがんばります」

大事なことは、この考え方。不得意を認めるかわりに、自分ががんばることもきちんと表明する。

メンバーでもリーダーでも、自分ができないことを認めて、できるメンバーに任せたほうがチームとして力が発揮できます。適材適所で最も重要なことは、その仕事を行ったときに、**「一番成果を出す人に任せる」**ということです。データの集計や分析が得意なメンバーがいるなら、自分が苦手なのに無理してやるよりも、データ集計はその人に任せたほうがチームとしてよい結果につながるはずです。「自分の弱みを認めることから、チームビルディングは始まる」と言っても過言ではないのです。

「強みを活かすためには、まず弱みを認める」。リーダーであれば自分の弱い部分について、メンバーに期待をかけます。人は、人から期待をかけられるとがんばるものです。

「佐藤さんにこの仕事をお願いできるかな。きっと強みを活かしてもらえるはず」

少しオーバーでもいいから、期待をかけていることをメンバーにはっきりと伝える。リーダーがメンバーに意図的に期待をかけ続けていけば、メンバー一人ひとりが強みを発揮しやすくなり、チームとして成果が出やすくなることは間違いありません。

期待されるとがんばれる

期待というのは、きちんと相手に伝わっているかどうかで成果には大きな差が出ます。**「自分の期待をはっきりと、明確に相手に伝える」**だけでも、そのメンバーが強みを活かして、大きな成果をあげることがあります。

営業の場合であれば、目標となる金額があるので期待を伝えやすいのですが、注意点もあります。それは、数字だけではがんばれない人がいるということです。多くの人は数字のためにがんばるのではなく、その数字の裏にある定性的なことのためにがんばりたいと思っています。つまり、顧客やチームや組織に貢献したいと思っているということです。

ですから、仮に一〇〇〇万円の受注をとることが組織の目標だとしても、メンバー一人ひとりにはそれにつながる期待をかけていきましょう。**「一〇〇〇万円の受注をとることで組織にこうした貢献がある」「一〇〇〇万円受注するとともに、もっている営業ノウハ**

ウをメンバーにシェアしてほしい」など組織への貢献や周囲からの感謝につながる期待をかけましょう。

期待が伝わっているかどうかは、**受け手のメンバーが自分で「私はこれを期待されています」とはっきり言える状態になっているかどうか**でわかります。「上司はこう言っています」ではダメで、「これを期待されています」「これが私の役割です」と自分の言葉で明確に言えるかどうかが重要なのです。

成果より貢献

組織やチームへの貢献意識があるかどうかは、仕事を行ううえで非常に大切になります。

たとえば、入社二年目ぐらいまではできる若手と言われていた人たちでも、あるときから伸び悩む人と、そのまま伸びていく人に分かれます。その分かれ目にあるのが、組織貢献の視点です。

成果というのは、自分でつくるものです。営業なら、受注をとってくれば自分の成果となります。しかし、自分の成果や評価のためにがんばれるのは、せいぜい二〜三年です。その後も伸びていく人は、必ず組織やチームへの貢献を考えるようになります。なぜなら、自分の成果だけを追うよりも組織貢献のほうが生み出す成果のサイズが大きくなるからです。

貢献の意識が芽生えると、自分が営業で受注をとってくることが組織にとってどんな意味があるのかを考えられるようになります。組織にとって、チームにとって、自分の仕事がどんなプラスの意味があるのかがわかることで、さらにがんばれるのです。

そして、自分の成果や評価のためだけに数字をあげている人と、チームや組織にとってどんなプラスの意味があるのかを意味づけできる人と、どちらが周囲から好かれるかと言えば、間違いなく貢献意識のある人です。つまり、貢献の意識が高い人のほうが応援したくなり、結果として人望が集まりやすいのです。

「成果より貢献」という意識になると、成果は組織貢献の一部にすぎないことがわかります。もちろん成果は大事ですが、配慮して後輩に声をかけてあげることや、困っているメンバーを手伝うことも、組織貢献として同様に大事なことだということが理解できるようになります。

集計作業が得意だから後輩の仕事を手伝ってあげる。チームみんなのために飲み会を開催する。このような貢献をしようとするときに、その人の強みが出ます。人は他人に貢献しようとすると、自分が組織のためによいと思っていることに対して自分ができることをやろうという視点が生まれます。組織への貢献は、実は強みがとても出やすい状況なのです。そして、強みを発揮したことに対して感謝を受けると、自己への肯定感が高まってさらに強みが強まり、いい循環が回り始めます。

貢献意識のある人のほうが、成果だけの人よりも圧倒的に影響範囲が大きくなり、感謝される量が増えるため、同じ業績であっても評価に差が出るようになります。これは、どの企業の経営者や人事部長にお話ししても共感していただける、評価の真実です。

成果を出す人を評価するのは当たり前ですが、成果を出したうえで組織に貢献できる人を厚遇すると組織は間違いなく強くなります。成果を出せない人には出せるように手助けを行い、成果を出せる人になったら、組織に貢献できる人へとステップアップしてもらう。組織を強くするためには、メンバー一人ひとりのこうしたステップアップが欠かせません。

弱みは埋めるもの、強みは伸ばすもの

弱みを見せるのは恥ずかしい、と思う人がいるかもしれません。プライドが邪魔をして、弱みを見せられないという人もいるでしょう。そうした人の中には、弱みを隠して、秘かに直そうとする人がいます。しかし多くの人にとって、弱みを直している時間は多くありません。

自分の弱みを直した場合に、すごい成果が出せるような自分が想像できるでしょうか。弱みを直したところでマイナス一〇〇がせいぜいマイナス九〇になるくらいで、プラスマイナスゼロにすることすら至難の業です。ゼロになっても、強みが発揮できている人には並ぶことすらできません。弱みは、すぐに直すことができないからこそ、弱みなのです。

弱みを直すことに多くの時間を使ってしまうと、その分、自分の強みを発揮する時間が減ります。結果、成果は減ってしまいます。「弱みを埋める分だけ、強みが消える」という考え方です。

逆に弱みを直すことを思いきってあきらめたら、どうなるか。強みを発揮する時間が増

えますから、一〇〇の成果を一〇五にすることもできるでしょうし、二〇〇や三〇〇にも伸ばす可能性すら生まれます。

自分がリーダーの場合、使命はチームとして成果を出すことです。成果から逆算して考えれば、自分の弱みを直すより、その分野は強みをもったメンバーに任せたほうが明らかに得策です。

では、メンバーの弱みはどうするか。結論から言えば、メンバーに対しても弱みを直すより、強みに時間をかけるのが得策です。

「強みを発揮しているチーム」と、「弱みを直しているチーム」があるとします。「どちらのほうがより大きな業績をあげていると思いますか？」と聞かれたら、あなたはどちらを選ぶでしょうか。業績だとどちらかわからないと言うかもしれません。

では、「どちらのほうがより『永続的に』大きな業績をあげていると思いますか？」もしくは「あなたが所属するとしたらどちらのほうがよいですか？」と聞かれたらいかがでしょうか。

研修や勉強会などでこの問いを投げると「強みを発揮しているチーム」と答えるほうがぐんと増えてきます。なぜなら、強みを活かしたほうがそもそも本人も楽しいし、前向きに仕事に取り組めるため、一人ひとりに粘りが出ます。そうなると結果がより長い期間出やすくなります。強みを活かしたほうが、前向きさと粘りの点で成果が上振れするのです。

弱みは、会社経営の損益で言ってみれば赤字です。赤字を減少させたところで、利益にはなりません。マイナスを直す努力をしても、マイナスが変わらない。メンバーの弱みをマイナス一〇〇からマイナス九〇に、一〇改善できたとしても赤字は赤字です。その分、強みは一〇伸ばしても黒字は黒字。強みは黒字ですから利益が増えて、新しいものに再投資できることになるのです。

本当に成果を早く確実に出そうと考えるなら、**「弱みを直すより、強みを伸ばす」**。より強みを強化することを考えたほうが、成果の上振れを考えると明らかに得策です。

ただし、その弱みがお客様に迷惑をかけるような致命的なミスにつながるなど業績への悪影響が大きいなら、弱みを直すほうを優先しなければなりません。会社が立ちいかなくなる赤字はすぐに直さないと会社自体がつぶれてしまうことと同じです。基本的な技術や知識などはきちんと習得するのはもちろん大切ですが、能力面におけるメンバーの弱みを直すよりも、「いかに強みを発揮してもらうか」に注力したほうが成果につながります。

リーダーの中には、メンバーの強みを見つけるよりも、弱みを見つけるほうが得意な人がいます。人の課題は目につきやすく、よく見えるものです。そして、弱みを見つけると、それを直してあげたいという感情がわいてくることがあります。

これを私は、「謎の正義感」と呼んでいます。全体の成果をあげることを棚にあげて、目の前にあるメンバーや部下の弱みや課題を見つけたときに、「直してあげないといけない」と強い使命感に燃えてしまうことを言います。しかし、そんな謎の正義感で弱みを直すところに時間をかけても、マイナスはマイナスのままであることがほとんどです。それならむしろ強みを活かすことのほうがはるかに重要なのです。

「弱みを直すのは時間の無駄。強みを見つけて伸ばすほうが断然いいよ」。面談などで社員の相談にのるときには、思いきって伝えている言葉ですが、この考えがあるとないとでは、自分の成長の向きが大きく変わっていきます。マイナスを直すより、プラスを伸ばすことが大事です。

第二章

強みを知る

強みの源泉は自分の価値観

自分の強みを知るためには、自分で整理する方法と、他者から教えてもらう方法があります。自分の強みに向き合うときには、この両方からの視点でのやり方を知っておいて多面的に整理してみることがおすすめです。

自分だけで取り組めるものの一つが、自分の大事にしている価値観に向き合う、というものです。

「自分が大切にしている価値観は何か？」という問いかけを、自分自身に投げたり面談で部下や仲間に聞いたりしてみると、一人ひとりの違い、つまり強みの元となる個性がはっきり出てきます。

面談や研修などでよく使うワークシートがあるのでご紹介します。これは一人だけでもできますし、複数人で実施することも可能なものです。

「価値観ナインブロック」というシートです。この方法を使うと、自分の強みの源泉を多面的に見ることができます。チームビルディングをする際に会議などでアイスブレイクに

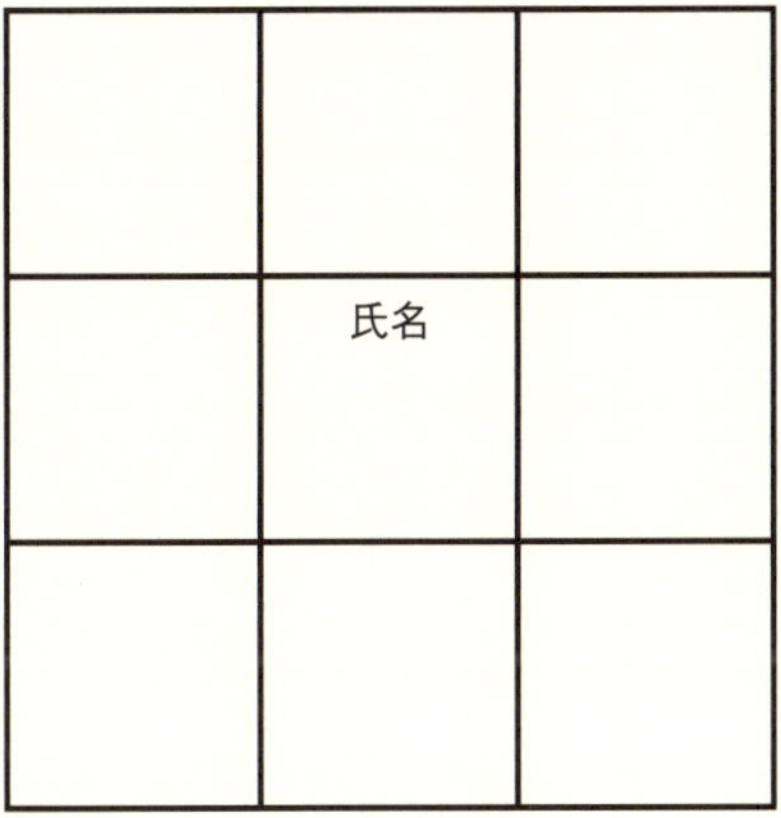

価値観ナインブロック：強みの源泉を理解する

使ったり、個人との面談でこの方法を伝えてじっくり面談したりすることもあり、とても便利なツールです。

まず、三×三の九つのマスをノートなどに書き出します。真ん中のマスには自分の名前を入れます。残りの八つのマスに書き出すものは、自分が大事にしている価値観です。「自分がこれまで大切にしてきた考え」「両親や家族からよく言われていたこと」「自分の信条と言われればこれ」といった、自分を形成している考え方や大事にしている概念を思い出せるだけ書き出してみてください。時間としてはまずは三分程度でよく、そのときにすべて埋まらなくても問題ありません。

社員との面談の前に書いてきてもらうこと

もあるのですが、「常に笑顔」「嘘をつかない」「創造力」「今を生きる」などなど、本当に想像がつかないほどバラバラで、個性がはっきり出てきます。

これで自分自身の大切にしている価値観が俯瞰できますが、この列挙された価値観は、それ自体が自分自身の強みの源泉なのです。これまでの人生で何度か思い浮かべたり、振り返って考えてきたりした言葉というのは、他の人よりもその価値観について考えているということです。つまり、自分自身で磨いてきている強みの源泉ということになるのです。

たとえば私がこの価値観ナインブロックで「常に前向き」という言葉を掲げているとしましょう。「常に前向き」という考えを、受験や部活で苦しかったときなどに何度も言い聞かせていたかもしれません。挫折を味わったときに、家族に激励の言葉として投げてもらったかもしれません。こうして頭の片隅で常に何度も考えているというのは、それだけで他の人とは違う個性であり、競争優位となっているのです。

価値観が自分の競争優位、つまり武器になっていると自覚している人は、想像以上に多くありません。これまでたくさんの社会人や学生と面談してきて、自分に自信をもちきれない人ともたくさん話をしてきました。「自分の強みがわからない」という悩みを投げかけてもらったこともたくさんあります。

しかしここに掲げた通り、価値観を書き出してもらえれば一人ひとりの人生に決して同じものはなく、個性が発揮されているシーンがいくつも出てきます。それが、他の人にはない自分だけの経験であり、強みの源泉となります。

強みの源泉が列挙できたら、次はその強みを伸ばすところにつなげます。書き出した強みの中から、「一つだけ力を入れてみるもの」に〇をつけてみてください。そして自分の今日や明日など、普段の生活でどのように意識して使うかをナインブロックの余白に書き出してみましょう。

自分の強みというのは、日々の生活で意識して実践することで、さらに洗練されて磨かれるものです。強みの源泉である才能を、まるで投資するように意識して使うことを、私は「才能投資」と呼んでいます。価値観ナインブロックでまずは自分の強みの源泉を可視化して、その強みの源泉を意識的に使うと決めてみる。うまくいってもいかなくても、自分の強みを投資したことでどんなことが起きるのか、学習することができます。

価値観ナインブロックは一人だけでもできますが、グループやチームで話すのもおすすめです。それぞれの価値観を共有できて、才能投資を何にするのかを話すことで相互理解が高まります。話してみると感じるのですが、自分の大事にしている価値観を話すので、少し話すだけでも多くの人が笑顔になります。笑顔になれるものは、自分が前向きになれるものであり、強みが発揮されやすいものなのです。

楽しい瞬間を聞く

私がその人の強みの源泉を理解するために、面談や雑談でよく聞く質問があります。それは、**「どんなときに楽しさを感じる？」**という質問です。「どんなときに嬉しいと感じる？」などと言い換えたりもします。

そうすると聞かれた人は、「楽しいときですか、そうですね……」と、自分が楽しいときや嬉しいときのことを想像しながら話してくれます。自分の脳裏に楽しそうな表情をしている自分が写り込みます。

「周りから感謝されたら嬉しいです」「自分が仕掛けた仕事が大成功したら楽しいですね」「どんなことでも褒められると純粋に嬉しい」など、表現はそれぞれ違いますが、楽しい、嬉しいというのは、感情がポジティブに動く瞬間です。

感情がポジティブになっている状態の自分を想像してもらうことで、「自分の感情がポジティブに動く瞬間」を自ら言語化してもらうのです。この言語化というのはとても大事で、言葉にすることで「自分が楽しいと感じる状態はどのようなときに起きるのか」という感情のスイッチをきちんと認識してもらうことができるようになります。

だからこそこの質問は、部下の強みを知りたいリーダーだけでなく、「自分の強みがわからない」というメンバー自身にとっても強みの源泉を理解するのに有効です。

楽しい、嬉しいなどと感じる瞬間を言葉や文字にしてもらうことで、その人の価値観がわかります。価値観がわかれば、その価値観が反応しやすい環境をつくったり、対話の工夫をしたりすることができるようになります。

感謝されたい人には、感謝を伝えることが大事だとわかりますし、大きな目標を達成したい人には、大きな仕事をどんと任せることが大事です。感謝されたい人には、「ありがとう」の一言が効果的ですが、目標を達成したい人に途中経過で「ありがとう」と言っても、「まだ結果が出てないので」と喜ばれないことすらあります。こういう「価値観の違い」をふまえて対応していくことが、メンバーの強みを活かすために大切な配慮となります。

もしメンバーが五人いるなら、五人の「楽しい瞬間」を聞くのはチームの相互理解に有効です。五人が集まる会議の場で、三分くらい自分の「楽しい瞬間」を書き出して、みんなで見せ合ってみる。もしくはあなたが上司であれば一対一の面談で聞いてもよいでしょう。それぞれの価値観をメモしておいて、一つの仕事をお願いするときにもその人が楽しい、嬉しいと感じるように伝えてあげる。ちょっとした工夫ですが、その人の価値観を考慮して仕事の割り振りにも個別性を高めることができます。

こうした配慮でも、メンバーの強みが少しずつ発揮されるようになり、結果、チームの業績が上向いていきます。

ストレングス・ファインダーの五つの強み

「自分の強みがわからない」という人におすすめなのが、「ストレングス・ファインダー」という自己診断ツールです。これは、『さあ、才能（じぶん）に目覚めよう』（マーカス・バッキンガム、ドナルド・O・クリフトン著、田口俊樹訳、日本経済新聞出版社）を買うと、自分だけのコード番号が付与されていて、そのコード番号をウェブの該当ページに打ち込むと診断結果が出るというものです。

診断を終えると、三四項目の中から「あなたの強みはこの五つです」と表示されます。「学習意欲が高い」「アレンジするのが得意」など、五つの強みがわかるので、自分の強みを探すヒントになります。

サイバーエージェントでも以前、管理職一〇〇人に、このストレングス・ファインダーの診断を受けてもらったことがあります。自分の強みを再認識してもらうとともに、人はみんなタイプが違い、同じ会社の管理職だとしても強みがバラバラであるということを確認しました。

新入社員にストレングス・ファインダーの診断を受けてもらったこともあります。自分が予想していた通りの強みだったか、予想外の強みだったか、診断結果に違和感があるか、違和感があるなら本当はどんな強みがあると思っていたのかなど、様々な議論をしてもらいました。

ちなみに私は「未来志向・達成欲・学習欲・アレンジ・自己確信」が強みとして出ました。ほかの役員だと「原点思考・着想・最上志向・内省・個別化」や「戦略性・責任感・回復志向・未来志向・活発性」といった感じで異なる組み合わせになっています。自分自身の強みを見てみると、たしかに未来を考えることが好きですし、本を読むなど学習することも大好きで、アレンジを加えながら工夫するのも得意です。

こうしたディスカッションや比較を通じて、一人ひとりタイプが違うことを認識できますし、お互いのことを理解するのにも役立ちます。また、自分の強みの選択肢を増やせるという点でも、使い勝手のいいツールです。この「ストレングス・ファインダー」はグローバル企業でも使われることが多いようで、グローバル企業の人事責任者の方に聞くと使われている方が多いです。

こうした診断ツールを使ってでも、自分や仲間の強みを理解するのは重要なことです。仲間の強みを知っていれば、より大きな成果を出せる可能性が高まるからです。自分の強みがわからないという人は、一度、ストレングス・ファインダーのような診断を受けてみるのがおすすめです。

エニアグラムで違いがわかる

エニアグラムは、サイバーエージェントの管理職研修や新入社員の研修はじめ各部署の研修でもときどき活用しているタイプ別診断ツールです。診断を受けると、九つあるタイプのどれかがわかります。タイプ1は一〇点、タイプ2は五点など、それぞれのタイプのスコアが出るので、自分はどのタイプが強いかがわかります（参考：『9つの性格　エニアグラムで見つかる「本当の自分」と最良の人間関係』PHP文庫）。

タイプ1は完璧主義者で、自分に厳しい。タイプ3は成長主義者で、とにかく達成するのがすごく好きでビジョナリーな人に多い。タイプ7は楽天家で、ポジティブで楽しいのが好きで好奇心旺盛。

こうした、それぞれのタイプのよい点だけでなく、悪い点も書かれています。タイプ1は細かすぎて面倒くさく、話が長い。タイプ3は目立ちたがり屋で、若干「俺が俺が」なところがある。タイプ7はいろいろ手を出して食い散らかす傾向がある。どのタイプにも強みと弱みがあることが前提になっているのがこのエニアグラムです。

私は圧倒的なタイプ1。自分に徹底的に厳しい一方で、自分に厳しすぎて体を壊してしまうこともありました。上司がタイプ1で悪い面が出ると、面倒くさく細かいやり方を部下に真似させようとしてしまいがちです。

エニアグラムのよい点は、「自分と他人は違う」ということを自覚できる点です。自分と他人が違うということを、感覚的には理解していても行動レベルまで理解している人は少なく、成果を出す人だけがそれを深く理解しています。

では、サイバーエージェントでは実際の研修でエニアグラムをどのように使っているのか。たとえば、リーダーを三〇人集めます。まず自分だけでなく、自分のチームのメンバーにもエニアグラムの診断を受けてもらい、メンバーそれぞれがどのタイプかをメモしてきてもらいます。

最初に九つの各タイプの強みと弱みを説明するのですが、このときに、経営陣など社員の誰もが知っているメンバーを例に出すと強みも弱みも共感できることが多く、盛り上がります。たとえばタイプ3のある経営陣の名前を挙げて、「ビジョンを掲げてプレゼンが上手」と言うと「たしかに！」という反響が出る一方、「目標達成のために小さな嘘をつきやすい」と弱みを説明するとイメージがわいた社員から笑いが起こります。

褒め方、叱り方もそれぞれのタイプによって適切な方法が違います。タイプ3の成長主義、達成主義の人は、とにかく褒める量が大事。タイプ5は論理的で分析が得意な人ですが、単純に褒めると懸念をもちやすい。なぜ褒めるのかを具体的な理由とともに説明されないと、「口から出まかせで褒めているのではないか」と疑心暗鬼になりやすいからです。

メンバーが五人いたら、五人の名前とエニアグラムのタイプを書き、どういう褒め方、叱り方が有効かを、講義に基づいて書いてもらいます。研修では「エニアグラム対話メモシート」と呼ばれるシートを使います。これが、メンバー一人ひとりの最適な褒め方、叱り方がわかるメモになります。メンバー一人ひとりに対するベストな対応がわかれば、個別性の高い会話を行うことができるようになるというわけです。

このリーダー研修は、一時間程度で終わらせます。三〇分ほどで説明し、残りの時間で自分のチームメンバーとの対話の作戦を考える。たった一時間ですが、研修終了後には、確実にメンバー一人ひとりに適したタイプ別の会話を武器にもてるようになるため、「受けてよかった」という声が必ず出る評判のよい研修です。

この研修ではエニアグラムという診断ツールを使っていますが、同じような診断ツールがいくつかありますので、別の診断ツールで行ってもいいでしょう。大切なのは、自分とメンバーはタイプが違うということと、メンバー一人ひとりに個性があり、その個性を踏まえた会話や褒め方、叱り方があるということ、それを会話法まで落として身につけることができるということです。

私が人事本部長になって初めての管理職の合宿研修で、このエニアグラム研修を行いましたが、大変盛り上がりました。人間は一人ひとり違うという当たり前のことを、具体的に見せてくれるという意味で、エニアグラムのような診断ツールは、非常に優れていると思います。

対話のバリエーションを増やす

ストレングス・ファインダーやエニアグラムなど、一人ひとりの個性を理解するツールについて説明をしたので、逆に一人ひとりの個性を理解しないとどうなるのかについて触れておきたいと思います。

リーダーだろうとスペシャリストだろうと、一定のレベルまで成長したにもかかわらず伸び悩む人には、対話の方法がワンパターンなことが起因している場合が多いです。常に厳しくて叱るだけの人、優しくて褒めてくれるけどなかなか成果が出ない上司など。こういう場合はほとんど、対話のバリエーションが少なすぎるのです。たとえばマネジャーで伸び悩んでいる人に、自分の部下についてどれだけ理解しているかを聞いてみると、ほとんど理解できてないことに気づくことがあります。

私からの質問は**「メンバーの強みって言語化できている？」**と聞くだけです。

普段から自分のパターンを押し付けている場合は、ここで回答に窮します。自分の強みを部下にも要求しているので、メンバーの個性や強みに注目するという着眼点がないのです。こういう場合は自分の要求を答えられない原因となっている弱みだけが目に入っている場合がほとんどです。そういう状況の場合は、**「マネジメントのバリエーションが少なすぎる。もっと増やそう」**とアドバイスしています。

ただ、メンバー一人ひとりに合わせたマネジメントをやろうとすると、それはそれで大変です。無限に広がりすぎるような状態になり、誰に対してどのような対話をすればいいのかがわからなくなり、混乱してしまいます。五人ならまだ個別性高く対応できるでしょうが、仮に五〇人のメンバーになって五〇通り考えて対応するのではあまりに非効率です。

こうしたときに、ストレングス・ファインダーやエニアグラムなどの診断ツールを使うと、いくつかに類型化されたタイプに当てはめて考えることができるので、暫定的に試す対話法を速やかに考えることができます。また、パターンの数に限りがあるため、リーダーの頭の中が整理されやすく、それぞれのタイプに適した接し方も理解しやすくなります。

個別性というのは力のある言葉で、魅力のある言葉です。しかし行き過ぎはよくありません。社外の方が集まるある人事の勉強会で、過度に会社で個別性を重視するあまり、単に一人ひとりのわがままを聞いているだけになっている場合があるという悩みが共有されていることもありました。一人ひとりの個別性を大事にすることはとても大切ですが、あまりに十人十色を尊重することにこだわってしまうと、管理職や現場のメンバーはどう対話すればよいのかわからなくなり、結果的に思考停止に陥って何もできなくなってしまうケースもあるので注意が必要です。あくまで一人ひとりの強みの発揮が、組織貢献につながっていること。このバランスが大事です。

だからこそこういう相互理解のための診断ツールを使って、一つずつ対話のバリエーションを増やしていくことが効果的です。メンバー一人ひとりの個性を理解する際にも、エニアグラムなら九つのタイプに当てはめて考えることができます。「タイプ3とタイプ7の傾向が強いけれど、どちらのタイプだろう？　二つのタイプを足して二で割るといいかな」などと考えられると、頭の中が整理され、それぞれのメンバーに適した行動を試すことができます。試してダメなら、別の対話法を試せばよい。いろいろ試しながら、相手との信頼関係を少しずつ築いていけばよいのです。私自身、エニアグラムを使って相手のことを考えるようになって、個別の対話がすごく楽になりました。

自分を客観視できるキャリアライン

面談などにおいてその人をもっと知りたいと思ったときに、「キャリアライン」というものを書いてきてもらうことがあります。これはモチベーショングラフなどとも呼ばれるものですが、自分のこれまでの成長ストーリーを書き出してもらうものです。詳しくは拙著、『サイバーエージェント流 自己成長する意思表明の仕方―「キャリアのワナ」を抜け出すための6カ条』（プレジデント社）にも記載していますが、ここでは強みを発見する方法をご紹介します。

まずA４用紙などの白紙を用意します。上下を二分割して横にまっすぐ一本の線を書きます。横線は時間軸を示し、左は幼少期で右に行くほど現在に近い状態になります。縦は成長の変遷を表し、先ほど書いた横線よりも上であれば「飛躍」、下であれば「苦労」になります。上の「飛躍」には成功体験や楽しかった話などを書き、下の「苦労」には修羅

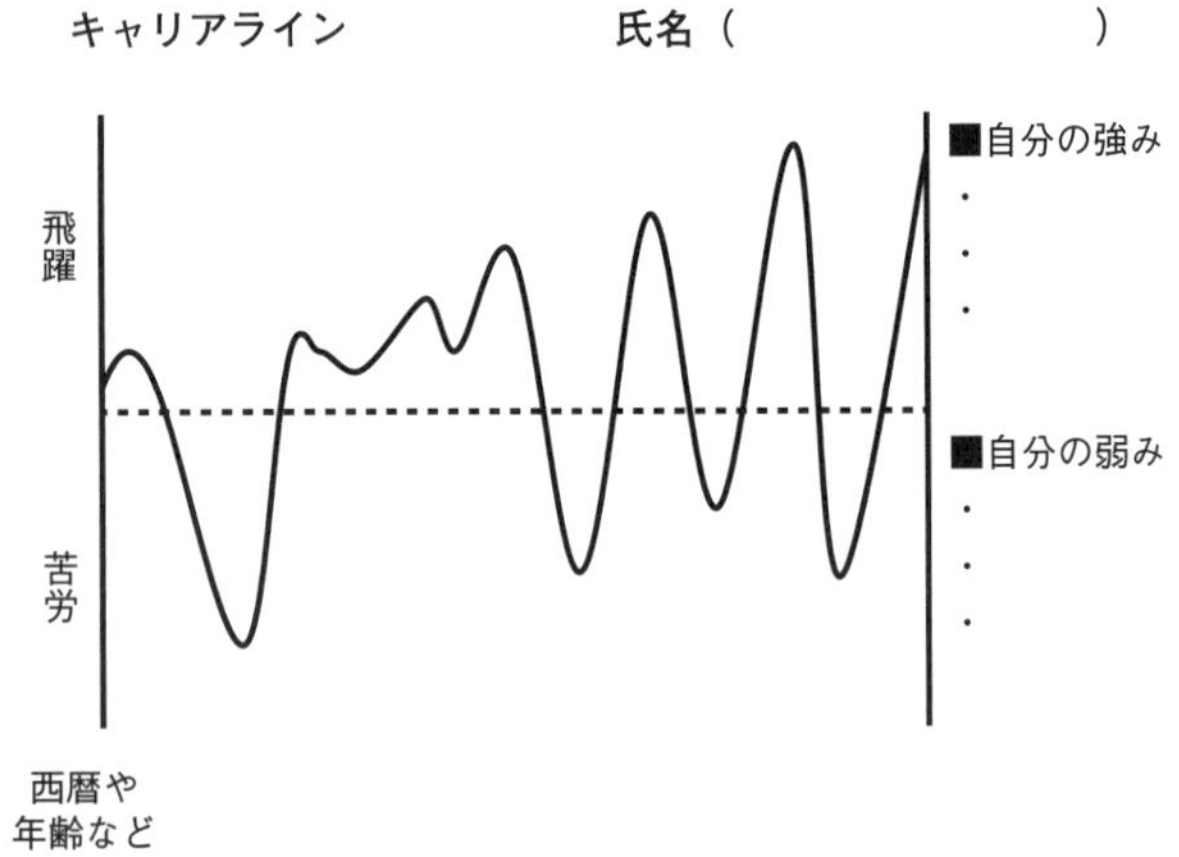

場体験や挫折などを書きます。

時間軸と「飛躍と苦労」の分類に従い、自分の成長変遷を一本の線で書き出します。すると左から右にかけて、波線ができあがります。高い山もできれば、低い底もできると思いますが、そこに自分の人生の転機となった出来事を書き出してみてください。たとえば中学のときのクラブ活動ですごく活躍した成長体験があれば大きく上に登っていくでしょうし、大学時代に友人と信頼関係を壊すような出来事があれば下のほうに大きく下っていくでしょう。これをすべて書けるだけ書き出します。

書き出したら、俯瞰してみましょう。それだけでまず自分の人生を客観視することができますが、ここでさらに余白に書き出してほしいことが「キャリアラインから見える自分の強みと弱み」です。

たとえば上に登っている飛躍の経験では、どんな強みが出ていたのか。また、苦労体験ではどんな弱みが露呈してしまったのか。これを書き出すことで、自分が生まれてきた背景の中でにじみ出た強みと弱みに向き合うことができます。

強みというのはもともと生まれもったものもありますが、多くは人生の中で磨かれているものです。自分のキャリアラインを使って振り返ることで、自分一人で強みを客観視することができますし、上司や仲間と一緒にこのシートを使って議論するとお互いの理解が進んで共感し合える関係性になれます。自分の強みを客観視して使えるようになると、自分の成果もあげやすくなっていきます。

人は、興味をもつ人に興味をもつ

信頼関係の構築は、相手の強みを見つけて活かすにあたってとても重要なポイントです。信頼関係がなければ当然警戒心が強くなり、その個人の本音や情報が出にくくなるからです。

近年はSNSなどの広がりもあり、メッセージを投げたりコメントしたりするなど、相手が著名人であろうと友人であろうとコミュニケーションがやりやすくなっています。コミュニケーションがデジタル化して簡単になった一方で、その文字情報で感情を伝達することができていない状態が増えるようになりました。

相手の感情に配慮せずに一方的に伝えている人が増えています。もしくは本人は配慮していると思っていても、相手が求める配慮になっていない状態である「配慮のすれ違い」も増えています。たとえばパワーハラスメント。パワハラの事件がニュースとして発覚するときには、上司のメールやメッセージが記録として提示されることが増えています。上司本人がどのような感情で送っていたかどうかはまったく関係なく、受け取り手の部下の感情が傷ついているからこそ、問題となるのです。

こういう時代だからこそ、普段からの信頼関係の構築がこれまでになく一層重要になっています。信頼関係の重要性がわかっている人は、どんどん人望を集め、より大きな成果を出します。一方、気づかない人は、マネジメントをするとしてもトップダウン型だったりワンパターンになったりしがちで、先ほどの例だと感情を無視してメールやメッセージなどを通じた文字情報だけで伝えるマネジメントになっています。これからは、強い信頼関係をつくれるリーダーが成果を出せる時代にますますなっていきます。

信頼関係をつくる最初の一歩は、共通項を増やすこと。成果が出ていて雰囲気がよい組織と、ギスギスしている組織とでは、「共通項の量」が違います。

逆説的ですが、仕事における信頼関係の度合いは、**「仕事以外の共通項がどれだけあるか」**で決まります。仕事だけの関係は、仕事という一点だけの関係なので、つながりが弱いのです。

リーダーとメンバーであっても、メンバー同士であっても、仕事でトラブルになると、仕事という唯一の関係性が切れてしまい、イチがゼロになってしまうのです。

それでは、仕事以外が何かと言えば、共通の趣味、ランチや飲み会、週末のバーベキュー、スポーツなどの交流などです。出身地が同じ、出身校が同じ、同じサッカーチームが好きだとわかると、お互いの興味が高まり、親近感がわくものです。

共通項が増えて親近感があれば、仮に仕事でトラブルが起きても、それ以外のところでつながりがあるので、関係性がゼロにはなりません。

強い組織では、こうした共通項が網の目のように広がっています。まったく見えるものではないのですが、強い組織には共通項が多い。仕事という縦一本の糸の組織か、網の目の組織かで、大きな違いがあります。共通項が多ければ、話したい話題も増え、さらに共通項が増えていきます。

そして共通項を増やすうえで重要なのは、**「人は、興味をもつ人に興味をもつ」**ということです。ある人に興味をもとうと考えてみると、実はその人のことを何も知らないことに気づきます。趣味は何だろう、出身はどこだろう、将来の夢は何だろう、プライベートのことから仕事のことまで、いろいろなことを知ろうと情報収集をしたくなります。

誰にでも好き嫌いはありますし、合う、合わないもあります。しかし、人に興味をもつことが大切だと思えば、苦手な人に対してでも興味をもつことができるようになります。興味をもてれば、相手の強みの源泉となる情報がたくさん入ってきます。たくさんの情報があれば、共通項が増えていく可能性が高まります。

たとえば食事をすれば、時間を共有したという共通項ができます。話すことで情報が行き来したという共通項もできます。こうして仕事以外の共通項が増えていきます。

こちらが相手に興味をもてば、相手もこちらに興味をもち始めます。「メンバーの動きが悪いな」と思ったら、自分からそのメンバーに興味をもつことから始めてみるのがおすすめです。その人のことについて何を知っているか、紙に書き出してみましょう。知らないことに気づけたら、ランチに誘ったり面談をお願いしたりするなどで自分が興味をもっていることを行動で示しましょう。

仕事のことしか知らないから動いてくれない場合が多いのです。そのメンバーに興味をもち、その人の好きなものや強みを探っていきましょう。すると情報量が増え、活かせるポイントが見えてきます。

ランチは意外な強みを見つけるチャンス

社員同士の共通項を増やすものとして、サイバーエージェントでは部署に関係なくランチに行く「シャッフルランチ」という取り組みがあります。部署をシャッフルして、人事一人、経理一人、法務一人……というようなグループ五人ぐらいでランチに行きます。夜の飲み会よりも、ランチのほうが時間の制限もしやすく参加しやすいだろうと考え出されました。

部署によってはシャッフルランチの事務局があり、メンバーを編成して「〇月〇日はこのメンバーでランチに行ってください」と各自にお願いして行ってもらいます。

多くの人は「はじめまして」になります。司会役も特にいません。最初はお互い照れますが、話すうちに共通項が増えていきます。

これは、定期的に行っているわけではなく、新入社員や中途入社の社員が増えてきたなというタイミングで行っている部署が多い取り組みです。新しい仲間が増えてきたらシャッフルランチをやるという感じです。

シャッフルランチによって、食事を共にするという共通項が増えるだけでなく、他部署への敬意や理解が高まり、相談などのスピードが速くなるというメリットもあります。

健全な組織は、部署間や個人間の「心理的ハードル」が低いものです。他部署の人に相談をもちかけて、イラッとされたり、厳しい目で見られたりすると、誰も他部署に相談に行きたがらなくなります。これが部署間の心理的ハードルが高い状態です。

逆に、他部署の知らない人に相談に行ったとき、やさしく丁寧に教えてもらえると、その部署への心理的ハードルが下がります。同様に、シャッフルランチで一度でもその部署の人と話したことがあると、その部署への心理的ハードルが下がります。

自分から他部署の知らない人をランチに誘うことはなかなかできませんし、人は新しい人との交流を増やさないほうが楽ですから、「一緒にランチに行きなよ」では誰も行きません。ですから、組織として意図的にこうした交流の場をつくり、社員同士の共通項を増やしています。そして、部署間の心理的ハードルを下げるのにも、シャッフルランチは非常に効果的です。

社員同士の共通項が増え、交流が増えてくれれば、シャッフルランチはいったんやめればよく、新しい人が増えたらまたやればいいという考えで行っています。

強みを活かすためには、お互いが仕事をしやすい環境をつくることが大事です。そのためには、シャッフルランチのような工夫をして、手間暇をかけることも大切になります。

月イチ面談で強みが見える

サイバーエージェントでは、月に一回、リーダーがメンバー一人ひとりと面談する「月イチ面談」を推奨しています。「強制」ではなく、「推奨」なことがポイントです。

月イチ面談を推奨するようになったのは、私が人事本部長になってすぐのことでした。

当時、半期ごとにリーダーが行う人事評価に対して不満をもつメンバーが非常に多く、私のところにメンバーからの不満の相談がきました。

どうしたものかといろいろと調べてみると、評価に対する不満がほとんどない部署がいくつかありました。それらの部署をつぶさに観察すると、リーダーとメンバーが一緒にランチや飲みに行っており、よくミーティングもしていました。

あるリーダーは、「週に一回、面談しています」と言っていました。たしかにそれだけの頻度で対話をしていれば、ミスコミュニケーションも生まれにくくなるはず。これはすごいなと思いました。週に一回は無理でも、月に一回ならどの部署のリーダーも面談ができるのではないかと考えたのがこの月イチ面談の始まりです。実際、面談を推奨するようになってから、評価に対する不満は少しずつ減っていきました。

強制はしないようにしました。人事部門が「月イチ面談」を強制してしまうと、儀礼的、形式的な面談が増えてしまうのではないかと危惧したのです。リーダーが一方的に話すだけの面談や、「やれと言われているからやるけど、何かある?」といったリーダーにやる気のない面談では、いくら月に一回やっても、なんの効果もありません。かえってリーダーとメンバーの関係がマイナスになってしまいます。

そうしたことも考慮に入れて、「強く推奨します」と言っています。リーダーとメンバーの信頼関係が十分に構築できているのなら、「月イチ面談」をやらなくてもいいとも言っています。

私が人事本部長になった当時は、「面談の仕方がわからない」という声もたくさん挙がりました。そこで、面談の勉強会を行ったのですが、そのときにアドバイスしたことが「三つだけ聞けばよい」というポイントでした。**「先月の成果を振り返ること、今月の成果のための作戦を話すこと、ときどきは中長期のキャリアを聞くこと」**という三つのことを面談で聞いてほしいと、リーダーにお願いしました。これらを定期的に聞くことで、上司と部下の間に相互理解が生まれ、共通項が増えることになります。これを続けていくと、お互いの好きな考え方や得意なことも理解できるようになり、強みが見つけやすくなります。

リーダーとメンバーが、毎月一緒に成果を振り返っていれば、半期ごとの評価のズレもなくなります。慣れてくれば、一人当たり約一五分で面談できるようにもなります。メンバーが四人なら一時間ちょっとです。これくらいなら時間も簡単につくれますし、続けるハードルも低いでしょう。もし一人と面談して話し込んでしまいそうであれば、一度終了したうえで、さらに別に時間をとって面談をやればいいのです。

月イチ面談を推奨するようになってから、特に管理職が対話を大事にしてくれるようになりました。ジワジワと効いている人事策の一つです。

強みがわかるグループワーク

チームメンバー同士が、お互いの強みを理解できる研修プログラムを紹介します。サイバーエージェントでは次世代経営者育成プログラムなどで実施しているワークショップです。「グロースファインダー」と呼ぶもので、「グロース」は成長を意味します。成長のポイントを見つけることができるワークショップと説明しています。

このワークは、一人につき二〇分ほど使います。四人チームならだいたい八〇分が目安になります。

まず一人が席を外します。席を外したのが吉田さんだとすると、それ以外の三人は、二分間、吉田さんの強みを個人ワークとして白紙などに箇条書きします。それが終わったら、一人が司会になり、誰が言ったかわからないように、三人が挙げた吉田さんの強みを順不同にホワイトボードに書き出します。一番上には大きく「強み」と書いておきましょう。これに三分くらいで合計五分。

　次に、吉田さんの弱みを書き出します。課題や改善してほしい要望を三人が先ほど同様、白紙に個人ワークで箇条書きをします。そして、先ほどのホワイトボードの強みの隣に書き出すのですが、このとき吉田さんが上司の場合、部下の三人は吉田さんの課題などを書き出すのは躊躇したりするかもしれません。

　そこで役に立つのが、文末にすべて「かも」と付ける方法です。書きにくいことや言いにくいことには全部、「かも」を付けて話す。これを私は「かもトーク」と呼んでいるのですが、書きにくくて言いにくいことを、書きやすくて言いやすくする工夫です。

「相談しようと思っても怖いかも」「細かいチェックが多いかも」「いつもオフィスにいないかも」など、「かも」を付けて発言し、「かも」を付けてホワイトボードに書き出します。先ほど「強み」と書いたタイトルに照合するようにその箇条書きの上のタイトルも「弱み（かも）」と書いておきましょう。こうすると、上司の課題であってもより言いやすく、書きやすくなります。強みに五分、弱み（かも）に五分で、ここまでで約一〇分です。

　ここで、席を外してもらっていた吉田さんに席に戻ってもらい、ホワイトボードを見てもらいます。司会役の一人がホワイトボードに書き出しているので、一つひとつを誰が言ったのかは吉田さんにはわかりません。これも不要な詮索やトラブルを避ける工夫です。

ホワイトボードには、強みと弱み（かも）が別々に書いてありますので、ざっと一分ぐらいで紹介します。吉田さんは自分が他人からどう見えているのか気になって仕方がありませんから、よく見ます。「強み」のフィードバックは嬉しいのですが、「弱み（かも）」はときに厳しい言葉も並びます。自分でも気づいている課題がほとんどですが、中には意外な指摘に驚くこともあります。

残りの七～八分間やることは、フィードバックを受けた人が、「弱み（かも）」について自分なりの回答をすること。上から順番でもいいですし、気になったものからでもいいので、弱みとして挙げられたことについて、吉田さん本人から自分の考えや意見を述べてもらいます。

私自身がこのワークショップを行ったときには、「ときどきイライラしていそうで怖いかも」「もっと食事に行って話したいかも」「曽山さんの部屋の中が見えないので声をかけていいのかわからないかも」という指摘を受けました。私の部屋はガラスがすべて曇りガラスだったのです。すぐに部屋の中をそっとのぞけるように、曇りガラスにのぞきやすくなるような切れ目を入れることにしました。変更した直後から、メンバーからは声がかけやすくなったと好評だったのですが、まさにこういうことはなかなか自分では気づけないことでした。

また、「もっと食事に行って話したいかも」に対しては、「じゃあ、まずは一回食事に行こう」とすぐに日時を決めました。こうして、挙げられた課題やリクエストをできるだけ解決していきます。**「ごめん。これはすぐに解決できないけれども、意識するようにするね」**と言うこともありますが、それでもよいのです。メンバー全員の前でどう受け止めているのかを伝えるだけでも、「自分たちの意見に理解を示してくれた」という相互理解につながります。この流れをチームメンバー全員がやります。

終わった後は、参加者の多くがすっきりした表情を浮かべます。強みと弱みを挙げられた人は、本人も気づかなかった課題が見えたりフィードバックをもらえたりしたことに感謝します。強みや弱みを伝えた人も、普段なら言えないことが言えてすっきりします。

お互いの課題点がわかりますし、それをきちんと受け止めて解決しようとする姿も見られるので、チームの結束が強まるという利点もあります。このワークショップはリーダーも必ず一緒にやることが大事で、メンバー同士の相性があまりよくないときにも率直に会話するきっかけとなるので有効です。「かもトーク」というオブラートに包みながら強みと弱みをみんなで言えるので、健全に議論ができるワークショップです。

東京大学の中原淳先生は、『フィードバック入門』（PHPビジネス新書）という書籍で「耳の痛いこと」を伝える方法を紹介されています。「耳の痛いこと」というのは成長にとても効果的で、私も体感していますがいざやろうとすると、躊躇するのが普通です。こういうフィードバックを楽しくやる方法の一つが、このグロースファインダーです。

ジョハリの窓ワークショップ

ジョハリの窓というツールを使った、チームで実施する研修プログラムです。これもお互いの相互理解が進むワークショップで、終わった後には「なるほど、そう見えているのか」「ここはもっと意識して伝えないとダメだな」と自分自身にも学びや気づきがたくさん増えます。

ジョハリの窓とは、四つのマスを使って自分をより多面的に理解するツールです。自分の視点と他人の視点を使うことで広く自分を受け止めることができ、他人からどう自分が見られているかがわかることで周囲とも話がしやすくなるというものです。

ジョハリの窓は四つの窓に分かれています。自分にはわかっていて、他人にもわかっているという意味の「開放の窓」。自分は気づいていないけど、他人がわかっている「盲点の窓」。自分にはわかっているが、他人には見えていない「秘密の窓」。自分も他人もわかっていない「未知の窓」。この四つです。

このワークショップは個人と上司の二人で行うこともできますが、チーム単位で行うとチームメンバーの強みの相互理解が進みます。一つのチーム単位は五人から一〇人くらいがやりやすいでしょう。

まず対象となる一人を決めます。次にやることは、その対象となるメンバーの強みを五つ書き出します。その際、正方形の付箋などがあれば一つずつ書き出すようにします。あくまで思いついたものを、思いついたまま書き出せば問題ありません。

所要時間としては三分から五分程度。もしここに六人のメンバーがいるとすると、一人当たり五つの強みが書かれているので、合計三〇個の強みが書き出されています。

次にホワイトボードに、先ほどの四つのマスを書きます。左上が「開放の窓」、その下が「秘密の窓」。右側には上に「盲点の窓」、下に「未知の窓」を用意します。そしてここに先ほどの強みを照らし合わせて、それぞれのマスに入れていきます。

	自分にわかっている	自分にわかっていない
他人にわかっている	I **開放の窓** 「公開された自己」 (open self)	II **盲点の窓** 「自分は気がついていないものの、他人からは見られている自己」 (blind self)
他人にわかっていない	III **秘密の窓** 「隠された自己」 (hidden self)	IV **未知の窓** 「誰からもまだ知られていない自己」 (unknown self)

ジョハリの窓

それぞれが書き出したメモや付箋を、テーブル上にみんなに見えるように同時に出して、ここから仕分けです。たとえば本人から「スピードが速い」と書き出されて、メンバーから似たようなものが一つでもあった場合、「開放の窓」に書き加えます。これが他人にもわかっているという強みになります。

次に本人が話しても、誰も同じものがなかった場合は「秘密の窓」。自分にはわかっているが、他人には見えていない強みになっている可能性があるので、これがより伝われればもっとメンバーとよいチームプレイができるかもしれません。

一方、メンバーが強みとして挙げてくれたにもかかわらず、自分は出してないというものもあります。これが「盲点の窓」。自分としては優位だと思っていなくても、周囲からすると強みに見える要素ということです。この要素はもっと活かすと、自分の強みをさらに引き出してくれる可能性があります。

未知の窓は空白になりますが、ひと通り出しきった後でこれまで出てきた項目について話したり、この未知の窓にどんな項目が入る可能性があるかをディスカッションしたりするととても盛り上がります。

一人当たり一五分から二〇分で実施できるので、一時間ほどあれば三人分から四人分できることになります。何かの定例会議で毎回一五分やるなどしても、毎回の定例のたびにお互いの理解が増していきます。

本人と周囲から見えている強みを出し合って議論することで、相互理解が高まるだけでなく、強みという前向きな話題を話すことで雰囲気もポジティブなものになります。チームビルディングに有効なこのジョハリの窓ワークショップ、ぜひ一度試してみてください。

第三章

強みを活かす話し方

目標と役割を聞く

マネジャーが成果を出すための三つの習慣があります。それが、「目標」「役割」「評価」。**「目標をもたせる」「役割を与える」「定期的に評価を伝える」**ことが大事だと伝えています。目指す方向が示され、本人が自分の存在意義を感じ、よいのか悪いのか結果がわかれば、うまくいくときはそのままの流れを支援し、うまくいっていないときには軌道修正が早くできます。

私が人事部門以外の社員と面談するときには、「目標」「役割」「評価」について聞くことが多いのですが、特によく聞くのが「目標」「役割」についてです。

最もよく聞く質問は、役割です。**「今は何の役割を担っているの？」**とまず聞きます。「こうこう、こういう役割です」「どこどこのお客様の営業担当です」と明確に言える人は、自分のやるべきことがはっきりとわかっているので、迷わずに仕事ができるため成果を出しています。

逆に、「いろいろやっています」など、あいまいではっきりと言えない人もいます。この場合、自分の役割がよくわかっていなくて「いろいろやっています」と言っているのか、本当にいろいろなことを全部任されていて「いろいろやっています」と言っているのかが判然としないため、さらに詳しく聞くことで、この二つのどちらなのかを見極めます。

次に聞くのが目標です。**「今はどんな目標をもっているの？」**と聞くと、営業担当者の場合は、数字がポンと出てきます。さらに**「チームの目標は？」**と聞くこともあります。これにもすぐに答えられる人は、チームの目標と自分の目標が明確にわかっているので仕事に迷いがありません。

自分の目標は明確だけれども、チームの目標を答えられない人は、まだ組織貢献の意識が薄く、自分の目標だけしか目に入っていない可能性が高いと言えます。そういう人には、チームの目標も意識するようにアドバイスします。

一方、チームの目標は明確に答えられるのに、自分の目標が答えられない人もいます。チームの方向性がわかっているので大きな問題ではありませんが、自分の成果が不明確だと、その本人の強みを発揮できていない状態である可能性が高い。その場合は上司と一度話すなどの行動を添えて、個人の目標を明確にもつように助言します。

役割を聞いたうえで目標を聞くと、その人が迷わず仕事に取り組めているかがわかります。役割や目標を明確に答えられない人には、仕事に迷いがあり、ときには「キャリアに悩みがあるけどどうしていいかわからない」という個人の悩みを抱えている場合もあるので、そうした悩みの相談にのるようにします。

役割と目標を聞くことで、その人が強みを発揮できるような環境なのかがわかります。問題がある場合には、それを解決する方法を一緒に考えていくことで前進を支援していきましょう。

評価の不安が強みをつぶす

面談で三つ目に聞くのが、評価についてです。**「自分は評価されていると思う?」**この質問はたった一言ですが、上司と部下の信頼関係を想像できる効果的な質問です。

「評価してもらっています」という言葉が出れば、本人が上司ときちんと対話できていると想像できます。一方で「評価されているか不安です」などの言葉が出た場合は、お互いの対話が少ないのではないかと推測ができます。

「評価されているかどうか」という観点は、実は強みの発揮に大きな影響を与えます。評価されていると感じていれば、自分の強さも弱さも上司が理解し、そのうえで自分の実態を適切に見てもらえているという状況が想像できますし、逆の場合はそれができていないことがわかります。「評価されている」という言葉には、「強みを発揮しやすい環境をつくってもらっている」という可能性が含まれているのです。

一方で評価されていないと感じる場合、「自分をきちんと見てもらえているのだろうか」という不安があるので、結果的に強みを発揮するという状況になりにくく、その本人のもっている可能性が活かせていない可能性が高くなります。人は不安がある場合、不安が頭に思い浮かびやすくなりどうしても目の前の仕事の集中力も下がります。結果として、不安があると人は強みが出にくくなり、成果も出なくなるのです。

やりたいことがなくても大丈夫

評価だけでなく、将来のキャリアの方向性を聞いても本人が迷いなく走れているかどうかがわかります。私がよく聞く質問は、**「何か将来やりたいことあるの？」**ということ。

実はこの質問で明確な回答だけを期待しているわけではありません。実際、これに対して「はっきりしたものはないんです」「まだ明確にはありません」「やりたいこととかはあまりないんですよ」と言う人が七〜八割で、明確に言える人は二割もいません。

将来の方向性が明確な人は、その方向が会社とも合っていれば特に心配はいりませんから、その方向性について話をよく聞いてあげ、その目標に向かって進めるように、必要があれば助言をします。

将来の方向性が明確でない人はどうか、それ自体実はまったく問題ではありません。現在はなくても、いつか見えてくればいいのですから。問題なのは、将来何をやりたいか、具体的にもっていないといけないと焦ること。明確なビジョンがないことに対して不安に駆られている場合は、支援が必要な状態です。

自分の将来が見えない不安感があるものの、どうしたらよいかわからないという人には、**「モヤモヤゾーンに入っている状態だね」**と率直に伝えています。モヤモヤすると、いいのか悪いのかわからず悩んでしまいます。悩んでいる時間ばかりが増えてしまい、成果を出すことに使ってほしい時間が、悩む時間にとられてしまうのです。これはよくありません。

将来の方向性が明確でないこと自体は問題ではないのですが、それがないことに不安を感じて悩んでいるとしたら、その悩んでいることこそが問題となります。

大切なのは、日々目の前の仕事に集中して取り組めているかどうかです。全力で毎日の仕事をやれば、自分の成果とともに会社も成長し、その経験それ自体が自分の財産になりますし、いずれ将来の方向性が見えてきたときにそれを目標にすればよいのです。

しかし、モヤモヤゾーンに入ってしまい、不安や悩みから全力で仕事に取り組めなければ、生産性が下がり、成果も出なくなります。これは悪いスパイラルです。こうした悪いスパイラルに入らないように、「今はモヤモヤゾーンに入っているね」などと現状は伝えつつ、**「将来の方向性が明確でなくても、別に大丈夫だよ」**ということも言ってあげる。

面談の重要性は、あくまでも迷わずに仕事に取り組めるようにすること。人のモチベーションというのは日々変わるもので、迷いがなかった人物が明日にはモヤモヤゾーンに入ることはよくある話です。将来のキャリアの方向性を聞くのは、その方向に行けるように支援するためでもありますが、それ以上に無用な不安や悩みで日々の生産性を落としていないかを確認し、迷わずに仕事に取り組めるようにするためなのです。

一年後の自分をイメージする

将来の方向性が明確でなく、そしてそのことに不安感をもっている人に対しては、その不安を取り除くセリフがあります。それは **「一年後どうなっていたい?」** と聞くこと。これは私の中で重要なセリフです。将来の大きなビジョンや目標がなく、そんなことは今は全然考えられないという人でも、一年後なら考えやすくなります。

「来年の今ごろどうなっていたら嬉しい?」 と聞くと、現在の延長線上をベースに考えることもできるので、想像がふくらみやすくなります。現在与えられている役割を完全にやり遂げた自分をイメージするか、現在の役割で大きな成果を出したうえで次のチャレンジを始めているなど、自分の中に「明るい未来」が見えてきます。

明るい未来が見えると、人は強くなれます。仮に現在の仕事がトラブルの処理中だったり再建中だったりするなどうまくいっていなくても、明るい未来があるとわかれば人はがんばれます。将来の目標や夢がなくて不安という心の状態から、ポジティブな気持ちをもつことができるようになります。

モヤモヤゾーンに入っている人に、**「一年後どうなっていたいかだけを考えてみて」**とアドバイスすると、「それだったらイメージがわきます」と言ってモヤモヤゾーンから脱することができる人が少なからずいます。同じ将来を考えるにしても、非常に近い将来だからでしょう。

三年先ではまだ遠く、たとえばインターネット産業の三年後は、どんな会社が伸びているのか私にも正しいことはわかりません。だからこそイメージがわきそうなギリギリの将来を一緒に考え、自分にとって明るい未来を感じてもらう。そうするとたとえ一年後であろうと自分でイメージした状況があるので、一年後の自分に対する迷いが減っていきます。迷いを減らすと、前を向くことに集中でき、自分の強みを発揮することに時間をかけられるので、成果につながっていきます。

一年後でもイメージできないという人には、**「そうだよね」**とまず共感してあげて、**「どんどん変化する時代だもんね、だとしたら半年先はどうかな」**など短くして問いを投げます。期間をより短くしてもよいので、本人がイメージできる将来を一緒に考えることで自分の中で将来に対する確信が生まれやすくなります。

将来の目標や夢がなく、それを不安に感じている人に対して、「先のことを考えるより、今、与えられた仕事に全力を傾けよ。そうすれば何かしら先が見えてくる。だから四の五の言わずに目の前の仕事を一生懸命にやれ」と言う人もいます。これは現在も真実であり、言われた人本人が「本当にその通りだから、全力でやろう」と覚悟をもてるのであれば有効なアドバイスだと思います。

しかし、言われた人が感情的に引っかかり、「本当にその通りだ」と思えないなら、モヤモヤゾーンから脱することはできません。その面談では大丈夫だとしても、すぐにまたモヤモヤゾーンに入っていくことになります。本人が心の底から納得できているかどうかが重要です。

「四の五の言わずに目の前の仕事を一生懸命にやれ」と言われて、「本当にその通りだ」と思えなくなった人が増えていることには、時代背景の変化があります。

一つは、転職市場における人材の流動性があがったこと。転職が以前に比べて容易になったため、入社したら一生そこに勤めることが前提だった時代の前提条件が崩れてしまいました。本当に嫌なら会社を辞めることのほうが当たり前になっている時代なのです。

もう一つは、デジタル化で情報の流動性があがったことです。以前は自分の会社のことしかわからず、「他の会社ではどうなのか」はなかなか知ることができませんでした。しかし現在では、「こんな理不尽なことがあったけれど、他の会社はどうなの？」などと書き込めば、他社の情報がわかる時代になりました。

また、愚痴や不満を言おうと思えば、人数限定のSNSなどでいつでも言えますし、それに共感する声も集まってきます。こうした他社の情報が容易に得られるようになった「情報の横展開」の度合いが広がったことで、目の前の仕事をがんばれと言われても、本当に嫌なことならやらずに、辞めて次を探すようになるのです。

目の前のことをがんばる以外の選択肢が、以前に比べて明らかに増えています。だからこそ、退職などにつながる不安や迷いに対してきちんと向き合うことの重要性があがっているのです。

不安や迷いは、まずは聞くだけ

将来の目標や夢がなく、それを不安に感じている人に対しては、その不安や迷いを取り除いてあげることが大事になりますが、すぐに答えを出そうとしないことも大切です。キャリアに関して悩みや不安がある人は、必ずしも「解」を求めているとはかぎらないからです。単に、「聞いてほしいだけ」ということもあるのです。

現在は営業をやっているメンバーが、将来的には新規事業を立ちあげてみたいと思っていて、それを面談で言った。しかし、まだ具体的に事業アイデアがあるわけではなく、本当にやりたいのかも実はあいまい、ということが私の面談でもよくあるケースです。

こういう人は、急いで答えを出す必要すら感じていません。そんなメンバーに対して、すぐに答えを出すようにうながしても逆効果です。

リーダーの中には、キャリアについて悩みを相談されると、「具体的な解決策を出してあげなければ」と考える人がいます。本当は必要ないのに、解決することに全力になってしまう「謎の正義感」が出ている状態です。こういう場合は上司からのアドバイスが極端になりがちです。「今は営業をがんばれ」とメンバーの可能性を押し戻したり、逆に「私が新規事業プランのメンバーに推薦しておくよ」と先走りしてしまいます。これがどちらも、メンバーの不安や悩みの解消にはならないことがあります。

それでは、メンバーがキャリアの悩みについてリーダーに語るときに求めていることは何かといえば、「聞いてほしいだけ」ということです。そういう心理状態にあることを知っておいてほしい。今後仮にキャリアを変える相談をするにしても、上司との信頼関係も大事にしたいから、びっくりさせないように将来の選択肢として伝えておきたい。それだけで嬉しい、ということなのです。

私も面談をしていると、このような場面にはよく出会います。ただし仮に「悩みが深いな」と感じたとしても、私は必ず**「今日は、どこまで決められれば嬉しいかな？」**と要望を聞くようにしています。面談のゴールをお互いにイメージするために投げる質問ですが、「聞いてほしいだけです」と言う人も多くいるのが現実です。

リーダーが話を聞いてあげるだけで、メンバーは大満足ということがあります。「今回ちょっと聞いてもらったことで、本当に悩んだときには真剣に相談できそうだ」という成果をメンバーが得られるからです。これによってメンバーの不安や迷いを消すことができるのです。

「聞いてもらってありがとうございます。何かあったらまた相談させてください」「〇〇さんに相談してよかったです」などと言われるのは、明快なアクションや答えが見つかったときとはかぎりません。単に話を聞いてくれて、ちゃんと受け止めてくれたときのほうがむしろ多いのです。

不安や悩み、迷いがあるメンバーとの面談では、一緒に答えを見つけることが一番ではなく、迷いや悩みを取り除いてあげることが一番です。本当にすぐに解決することが必要なのであれば、解決策を探ることが二番になります。キャリアに関する面談では、このことを意識しています。

キャリアプランよりキャリアオプション

人事の責任者として、これまで多くの社員と面談をしてきました。聞いてあげるだけで安心する場合もありますが、社員からの相談ごとで多いものの一つが、「キャリアのデザインができません」「キャリアプランニングをどうすればいいですか」といったキャリアの計画や整理に関する悩みです。

しかし、どういったキャリアを経験するのがその人のベストなのかは、私にも正直なところわかりません。三年先にどういった仕事をしているのかは、私自身のことでさえ、わからないのですから、メンバー一人ひとりの将来のキャリアについても、まったくわからないのです。

ただ、「誰にもわからないのだから、目の前の仕事に全力を傾けよ」と言っても、相手は心の底からは納得できず、キャリアの悩みは消えません。そこで、キャリアの選択肢を考えてもらうようにしています。

これは自分の価値観を整理するときにも活用したナインブロックを使います（三七頁参照）。「キャリアオプション・ナインブロック」という図で、オプションは「選択肢」を意味します。三×三の九つのマスを書いてもらい、その真ん中のマスに自分の名前を書きます。そして、残りの八つのマスに、自分が今後やりたい、やってもいいな、可能性があるかなと思える職種を一つずつ書いてもらいます。

キャリアについて悩んでいるという人には、面談前に「八個埋めて持ってきて」と言います。

たとえば、二八歳のときに営業から人事に異動した曽山君なら、左上に「営業」と書きます。これは、営業をさらに磨いて伸ばすというオプションです。人事に来て採用をやっているとすると、次に「採用」と書きます。人事の仕事で幅を広げたいなら「育成」や「労務」などと書けるでしょう。将来的には、人事の「コンサルタント」ができるかもしれませんし、「経営者」になる可能性もあります。人事から幅を広げて、「管理部門」で経営企画などを行うという選択肢もあるかもしれません。また、学生に教える「教育者」になるという道もあります。

こうしたキャリアの選択肢を書いてもらうと、「三、四個までは、すぐに書けましたが、残りの四つ五つを書くのに時間がかかりました」と言う人が多くいます。書かれたキャリアの選択肢を見て必ず聞くのは、「書いてみて、どう思った?」ということです。多くの人は、「自分のキャリアの選択肢が広がったように感じて、ちょっと安心しました」と言います。

選択肢が俯瞰できると、人は安心できます。自分一人で悩んで考えているときは、頭の中で一つのアイデアが生まれては消え、また別のアイデアが生まれては消えています。これでは、いつまでたっても考えがまとまらず、悩みは解消しません。

ところが、紙に書いて、それを俯瞰すると、いろいろな可能性があることを実感でき、安心できるのです。

キャリアに悩んでいる人には、自分でキャリアの選択肢を考え、それを俯瞰することで安心してもらっています。

「キャリアの選択肢をいくつかもっておくといいよ」とよく言うのは、このためです。

気持ちの変化をつかむ方法

退職には、事前に相談があった退職と、突然の退職の二つがあります。退職すること自体は仕方がないことですが、突然の退職はその本人への支援が十分でない可能性があり、企業にとっても慌てて対応する必要が多い、よくないものとして、私は「びっくり退職」と呼んでいます。

面談で、「ときどきは中長期のキャリアについてメンバーの話を聞いてほしい」とリーダーにお願いをしているのは、このびっくり退職を防ぐためでもあります。

中長期のキャリアについて、ときどきでも聞いていれば、そのメンバーの気持ちの変化などにリーダーが早く気づくことができます。小さな気持ちの変化の段階で話を聞くことができれば、なんらかの対処をすることもできます。したがって、面談をしっかりやっている部署では、びっくり退職はほとんどありません。一方、びっくり退職があった場合に、その部門の責任者に「面談していた?」と聞くと、「やっていませんでした」という場合がほとんどです。

日本では、面談をやっている企業とやっていない企業がはっきり分かれています。私が、「月イチ面談」の話をすると、多くの日本企業の人事の方は「そんなに対話していない」と驚かれることもあります。

逆に、「それは、私たちのワンオンワンインタビューと同じですね」と、グローバル企業の人事の方から言われることはよくあります。グローバル企業で面談が行われるのは、「メンバーは、リーダーの考えとは違う方向に仕事を進めてしまう」ことのほうが普通であり、リーダーとメンバーの考えにズレが生じることが当たり前、つまりリーダーもフォロワーも一人の人間であり、違う個性をもっているという前提に立っているからです。

メンバーが仕事を精一杯やったとしても、その方向がズレていてはチームとしての成果に結びつきません。リーダーが定期的に面談をすることで軌道修正を行い、常にリーダーが目指す方向と同じ方向にメンバーを導きます。

こうすれば、成功の打率も上がります。成果が出れば、もちろんメンバーにとってもプラスです。メンバーの力を十二分に発揮させるためにも、強みを活かすためにも、面談はとても役に立つのです。

強みと弱みの面談メモ

メンバーと一対一の面談を行う際に、成長が促進できるようにするため次のようなメモを渡すことがあります。

まず、面談を行う一〇分ほど前に、面談するメンバーのポジティブな点を三つ、ネガティブな点を三つ、Ａ４用紙にプリントアウトします。ポジティブな点は、「ポジティブ」と書いてもいいのですが、「すばらしい」と書くようにしています。「ポジティブ」より「すばらしい」のほうが相手の感情が動きやすいからです。

ネガティブな点も「ネガティブ」とは書きません。「ネガティブ」ではあまりにストレートすぎて、それこそ面談相手がネガティブになってしまいます。

では、相手の感情に配慮した、どのような表現がよいでしょうか。「課題」ではどうでしょうか。受け止め方はもちろん人それぞれですが、比較的前向きに受け取る人もいれば、「ネガティブ」ほどではないにしても、ダメ出しをされたと感じる人もいるでしょう。

私は、「期待」と書くようにしています。言葉の表現を変えるだけで、相手の受け止め方、感情はまったく違うものになります。期待として書かれている三つのことは、その人のネガティブな点であり、課題であることは変わりありません。それでも、私は「期待」と書いていています。

伝えたいことはネガティブなことでも、「期待」という前向きな言葉が書かれていると、その下に書かれている三つのことに対する相手の受け止め方が変わるからです。

その「期待」について、面談では**「ここを直してほしい」**とはっきりと言います。伝えたいことをしっかりと伝えるために、言うべきことははっきり言います。ネガティブな点であり、自分自身が直してほしいと思っている以上、率直に伝えることが重要です。

あえて紙を渡すのには、理由があります。また後日、見てもらえる可能性が高まるからです。紙なしにただ話をしただけなら、相手の頭の中からいつしか消えてしまいます。紙を渡されると、それをすぐに捨ててしまう人は少なく、多くの人はとっておいてくれます。そうすると、再度見る機会ができ、記憶に残る確率も上がります。

ポジティブとネガティブの両方を伝えるときには、必ずポジティブを先に話をするようにしています。逆の立場で考えてみるとわかりますが、ネガティブな点を指摘されてから、ポジティブな点を褒められても、素直に受け取れません。人は、ネガティブなことのほうが強く印象に残るので、あとから褒められても、褒められた気がしないのです。

面談を受ける人の中には、上司の話の内容が書かれているA4用紙にメモ書きをする人もいます。A4の用紙には、「すばらしい」と書かれた下に三行、「期待」と書かれた下に三行、合計八行しか書かれていませんから余白が広くあり、メモ用紙にもなるのです。メモを書き留めると、捨てる確率がさらに下がり、とっておいて再度目にする確率が上がります。ラブレターのように大事にとっておく「ラブレター効果」が期待できます。

面談メモを用意して面談をすることで、伝えたいことを全部伝えられるというメリットもあります。メモがなければ、面談するリーダーも、「今日は何と何を伝えなきゃいけなかったんだっけ」と、話しているうちにわからなくなることもあります。「期待」と書くネガティブな点を一つ指摘した際に話が紛糾し、残りの二つのほうが大事だったのに話せなかったという経験がある人もいるでしょう。

面談メモがあれば、面談するリーダーも、面談されるメンバーも、全体が見えているので、自然と全部のことを話すことができます。

もし時間がオーバーして話せなかったとしても、伝えたいことは面談メモに書いてあるので、最低限のことは伝わりますし、**「あと二つ残ったから、別の日に続きをやろうか」**

と言うこともできます。逆に、相手のメンバーから、「別の日に、あと二つについても聞かせてもらっていいですか」と言われることもあります。

毎月、面談メモを用意して面談をしていると、「それ先月も言っていただきましたね」ということがあります。特に「期待」として書くことは、リピートすることが多いのです。

私の場合は、あえて先月何を書いたかを見ないようにしています。そうすると、表現は多少変わっても、同じことを書き出している自分に気づきます。やはり弱みはそう簡単には変えられないからでしょう。

弱みを変えるのには時間がかかりますから、強みを伸ばしたほうがいいのですが、根気よく弱みを直していくには、こうして毎月の面談で弱みを一緒に再確認し、それに向き合うことが大事になります。

「なかなかできていないのですが、こんなことには注意をしています」

何度も自分が指摘してることに対してメンバーがこう言ってくれたら、「いいじゃん」と褒めてあげればいいですし、「どうしてもできないんですよね」と悩みを打ち明けられたら、相談にのってあげればいいのです。

面談は慣れるまでは緊張するものですし、得意だと感じるには時間がかかるものです。特に面談に対して苦手意識がある人に、**「面談メモをつくるといいよ」**とアドバイスしています。

厳しい話は一点突破で

部下から見て指摘がしにくい、「怖い上司」というのは、どこの会社にもいると思います。部下が話しづらい事業部長だとしても、実績はピカイチで外すわけにはいかないという人もいます。あまりに怖くて話ができないとか、部下からたくさんの不満が経営陣や人事に対してあがってくるなどの問題がある場合、事業部長の上司にあたる役員か、人事責任者である私が対話することになります。

業績はあげているので、その強みは壊したくない。ただしメンバーからの悩みを聞くと弱みに向き合ってもらわないと組織が壊れてしまいそうである。こうした言いにくいことを言わなければならない状況というのは、大なり小なり誰にでもありえる話です。

こういうときに私が心がけているのは、「どう言おうか悩んだら一点突破で率直に言う」

ということです。余計なことは一切考えずに、率直に一点突破を目指します。以前は私も厳しい対話をしないといけない面談の場合、どのように伝えようかいろいろ悩んでいたことがあったのですが、「言いにくいことほど率直に言ったほうがいい」と経営陣からアドバイスをもらってから実行しています。これは非常に効果的です。

実際に他の管理職にも聞いてみると、いい人と呼ばれている人ほど相手との関係が壊れることを恐れていることがわかりました。厳しい対話ができなくて、悩んでいる管理職にはこのアドバイスをしています。

その対象となる人材が事業のキーマンであればあるほど、上司は意図せずオブラートに包んだ言い方をします。変わってほしいという要望よりも、業績はあげ続けてほしいという要望が強いからです。事あるごとに上司は何回も注意するのですが、事業部長は何度言われても、オブラートに包まれているがゆえにその注意の真意に気づくことができません。上司は伝えたつもり。言われた本人は本当に気づいてない。こうした対話のミスマッチというのはよくある話です。

この結果、そのメンバーの弱みが目立つことになります。部下や周囲のメンバーからの不満は収まることはなく、そのまま放置すると、退職者や異動希望者が増えてしまうこともあります。組織の成長とその個人の成長を考えるのであれば、勇気をもって伝えたいことをはっきりと伝えるしかありません。

こうして言いにくいことを言わなければならないときには、率直に言うのが一番です。

さらに私は、率直に伝えるために、「伝えるべき結論」を面談の前に一つだけ決めるようにしています。

たとえば、面談で自分ばかりが話をする上司に対して、メンバーが「上司が話をしてばかりだから、もっと話を聞いてほしい」という不満をもっているとします。こういう状況ですとメンバーがリーダーに直接お願いすることが難しいことも多く、人事に依頼がくることがあります。

このときには、「もっとメンバーの話を聞いてください」が伝えるべき結論になります。面談の冒頭から、率直にその内容を伝えます。

「今日は来てくれて、ありがとうございます。今日は言いにくいことを伝えますね。伝えないと、お互いに損だから率直に言います。メンバーの話をもっと聞いてあげてください。メンバーが『上司が話を聞いてくれるようになった』と本音で私に言うようになれば大丈夫です。今日のお願いはそれだけです」

これに対してうまく理解してくれればもちろんよいのですが、ときには「私はすごくたくさん話を聞いていますよ」「いや、メンバーが何も話さないんですよ」などと、論点をずらした話になることがあります。ここでのポイントは、どんなに相手が話を変えても、常に一つの結論に戻ることです。

「なるほど、言いたいことはよくわかりました。でも今回のお願いは、とにかく話を聞いてあげてほしいということなのです」と、一つの結論に戻します。

結論が複数あったり、事前にやった面談のイメージトレーニングにないことを言われたりすると、伝えたいことがいつしか頭の中から消えてしまい、面談の最後に「○○さんががんばっているのはよくわかった。引き続きがんばってください」などとあいまいな結論で締めることになります。伝えたいことが伝わらない面談になってしまい、再度同じ内容で呼び出すのはさらにやりにくさが増していきます。実力者の弱みの改善には、日々こうした伝わらない面談が行われているのです。

面談の最初から最後まで、一つの結論だけを言うように心がけると、どこに話が拡散しても、常にそこに戻ることができます。このやり方でその一点の内容を受け止めてくれなかった人は私の経験上ありません。

結論を一つだけ言い続ける方法は、非常にシンプルなため、話がうまい人や声が大きい人に揺さぶられても負けません。一つの結論だけを言い続けると、理解してもらいやすくなります。

言いにくいことを言わなければならない機会は、数としてはそれほどあるわけではありませんが、いざというときにこの対話法を知っておくと何度も面談をしなくてすむばかりか、改善してほしいメンバーの弱みを早く埋めて強みを引き出すチャンスになります。

人は感情の動物である

「理解と納得は違う」という言葉は、人に「動いてほしい」と思ったときほど大切にしている考え方です。ついつい人は論理で相手を説得して動いてもらおうとします。しかし、相手が論理を理解したからといって動いてくれるかと言えば、そうではありません。なぜなら、人が動くのは感情によってだからです。

理解とは、論理です。論理的に整理できたことが理解です。納得は、感情。感情的に納得できたことです。この違いをリーダーがわかっていないと、メンバーに理解してもらったとしても、納得させることができず、実際に動いてもらえないということが起きてしまいます。

メンバーに仕事を依頼したにもかかわらず、メンバーが実際に動かないということは、理解はしていても、納得はしていないということなのです。

人は口では「動きます」と言っても、感情的に動こうと思っていなければ、実際に動くことはありません。だから人に動いてほしいと思ったら、相手の感情を見ることが非常に重要になります。納得して「わかりました。やります」と言っているのか、口だけなのかを見極めることが大事です。

たとえば、「佐々木さんに、ちょっと厳しいことを伝える面談をしてほしい」と、私が人事メンバーに指示したとしましょう。このとき、**「進めるにあたって何か困ることある?」**など、指示した後に、メンバー自身に何か不安な点があれば意見を言ってもらえるような問いかけをしています。

「この仕事をよろしく。以上、終わり」ではなく、何か不安な点があるなら、それを話させるようにします。そうすると、メンバーは自分がその仕事を行っている具体的なイメージを抱きつつ、「どんな表現で言えばいいでしょうか」「どんな順番で話を進めたらよいでしょうか」など、自分の不安、心配な点をリーダーに質問できます。

こうした不安や心配があるメンバーに対しては、「障害のイメトレ」を行うことで、不安や心配を取り除きます。**「どんな話から始めれば、佐々木さんが聞く耳をもってくれるかな?」「佐々木さんが気分を悪くしない言い方があるとするとどういう表現だろう?」**など、実際の面談をイメージしながら、障害になりそうなことを想定して、その解決策を一緒に考えます。

このときに大切なことは、リーダーが答えを言わないことです。リーダーは、障害になりそうなことを質問し、その答えはメンバーに考えさせます。こうすることで、メンバーは自分の感情を動かしながら、その仕事を自分で動かすイメージをもつことができます。

感情をともないながら「障害のイメトレ」ができると、理解が納得に変わります。感情が動くようなイメトレをさせるのは、その仕事を納得して引き受けてもらうためのやり方の一つです。

不安を消すイメトレ

強みを活かせると思ってメンバーに仕事を依頼したとき、「私にはちょっと難しそうです。別の人でやっていただけませんか」と、やんわり断ってくるケースもあります。

依頼した仕事をメンバーが断ったときに、上司である自分が「では、私がやる」と言ってしまうのは最もよくありません。リーダーがすべての仕事をできればいいですが、そんな時間はないからこそ、メンバーに仕事を依頼しているのです。

リーダーがその仕事をやってしまったら、そのメンバーの存在価値がなくなるだけでなく、成長機会も奪うことになります。メンバーの才能を開花させたい、強みを活かしたいと考えるなら、メンバーが「自分には難しそう」「できそうにない」と思うような仕事でもがんばってやらせなければ、そのメンバーの成長はないでしょう。

リーダーが自分で仕事をやってしまうということは、そのメンバーを信用していない、そのメンバーに期待していないということでもあります。これでは、メンバーからの信頼も得られず、リーダーとメンバーの信頼関係も築けません。

本当にメンバーが動いてくれないとき、すべて自分がやる、どんなトラブルが起きても最前線に立つという覚悟をもつことは、リーダーに必要なものです。サイバーエージェントには、「プレイング役員」という言葉が存在します。プレイングマネジャーのように、役員であろうと必要であればいつでも最前線で仕事をするという考え方です。

しかし、それは最後の最後の手段であって、メンバーに仕事を依頼して断られたときに発揮するようなものではありません。リーダーは、切り分けて考えておくべきです。

メンバーから、「できません」「ちょっと難しそうです」などと断られたときには、**「そうだね。たしかにこの仕事は大変だよね」**と、まずは共感していることを伝えます。そのうえで**「でも、私にもこの仕事をする時間がなくて、困ったな。仕事の進め方だけでも一緒に考えてくれない？」**

まるで相談にのってもらうかのように、「このお客様をどのように営業するといいかな」「気難しいあの人と面談するなら最初にどんな話から始めるのがいいかな」などと、先ほど述べた「障害のイメトレ」を始めるのです。そして、ひと通り「障害のイメトレ」が終わったところで、**「ここまで一緒にイメトレしたけど、やっぱり適任だと思う。この仕事をやってもらってもいいかな」**と再度、仕事をお願いします。

リーダーと仕事のプロセスを共有しているので、このプロセスを踏んで失敗してしまったら、リーダーが助けてくれるだろうという保険がかかります。また、一緒に悩んだことで「この仕事をやったら上司は本当にありがたいんだろうな」ということがメンバーに想像でき、貢献できるポイントだと納得したうえで引き受けてくれる場合もあります。

メンバーが仕事を断る大きな理由は、その仕事をうまくできそうにないからです。どのように動けばいいのか、仕事の手順のイメージが浮かばないと、失敗するかもしれないという恐怖が勝ってしまいます。しかし、「障害のイメトレ」を行って、仕事の手順がわかれば恐怖はだいぶ和らぎます。

「障害のイメトレ」を一緒に行うことによって、リーダーの仕事のやり方や考え方、経験を伝えることもできます。障害への対処法は、基本的にはメンバー本人に考えさせることが大事ですが、リーダーのノウハウの伝達ができるというメリットもあるのです。

役割以外の仕事の依頼は正直に

メンバーが仕事を断ってくるときには、「その仕事は、私の仕事ではない」と考えている場合もあるかもしれません。

たとえば、あるマネジャーと面談を行う仕事を依頼するとします。マネジャーとの面談が、あらかじめそのメンバーの役割として与えられていた場合、メンバーがその仕事を断ってくることはないでしょう。「これは自分に与えられた役割だから、やって当然」と思うからです。

しかし、そのメンバーの役割はリーダークラスまでの面談であり、マネジャーへの面談は役割として与えられていなかったらどうでしょうか。そのメンバーが、「その仕事は、私の仕事ではない」と考えて、「ちょっと難しそうです」と断ってくるのも一理あります。

メンバーの役割にはない、本来の役割とは違う仕事を依頼するときには、**「ごめん、いつもの役割と違うんだけどお願いしてもいいかな」**と、正直に言うようにします。

また、リーダー自身の仕事であるにもかかわらず、時間がなくてそれができずにお願いするときには、自分の非を認めたうえで、「お願いしてもいいかな」と言います。こうすると部下の受け取り方も変わり、「私を頼ってくれたのだから」と、その仕事を受けてくれます。

それでも「できません」「無理です」と断られることもあると思います。こうしたときに、「なんでそんなことを私に言うのだろう。言う以上は、もしかすると私に問題があるのかもしれない」と考えるのも一つの手です。これを私は「ブーメラン思考」と呼んでいるのですがブーメランが投げた人のところに戻ってくるように、目の前にある問題は、自分が引き起こしていると考えるのです。ここで言えばメンバーが仕事を断る原因は、そもそも自分にあるのかもしれません。

なぜ、ブーメラン思考を行うのか。他人を変えるよりも、自分を変えるほうが簡単だからです。

「そのメンバーの本来の役割と、まったく違う役割をお願いしているから拒否されているんだな」「メンバーもその役割を引き受けたいと思っているけれども、今やっている業務が多すぎて時間がないから、できないと言ったのかもしれない」「彼（彼女）の仕事のフォローアップが全然できていないから、助けてくれないのに、また新たな仕事を振られるのは困ると思っている可能性がある」「なんで仕事を断ってくるのかわからないということは、話を聞いてあげていない証拠だ。もっと話を聞いてあげなければ」など、自分に何が足りないのか、自分が何をすれば仕事を気持ちよく引き受けてくれるのかを考えたほうが、問題解決が速くなるケースが多々あるのです。

トラブルにはブーメラン思考で

ブーメラン思考は、トラブルの報告を受けたときにも有効です。

チームのメンバーがトラブルの報告をしてきたとき、あなたは「何をやっているんだよ」と怒ってしまうかもしれません。人間ですから、そういう感情が出ること自体は仕方のないことです。

しかし、トラブル対応は冷静さが肝心です。頭を冷やすためにも、対応策を考えるためにも、「なぜ彼がトラブルを起こしてしまったのか」とブーメラン思考を行うと、改善策を客観的に複数考えられるようになります。

「トラブルの可能性を彼にイメージトレーニングさせられなかった」「トラブルの芽に気づいてあげられなかった」「トラブルに関する勉強会をチームでやっておかなかった」など、自分の至らなかった点が見えてきます。

このようにブーメラン思考を行うと、自分がどのような行動をとれば、メンバーがトラブルを起こさずにすんだのか、自分の行動変化を意識できます。

私は、トラブルなどをきっかけにメンバーの行動を変えたいと思ったときには、他人を変えるよりも自分が変わるほうが早いということを思い出すようにしています。

なぜならトラブルは、その人の弱みに関連して起きることが多いので、直そうと思って何回注意しても、なかなか直らないものなのです。

メンバーの弱みを直そうと、同じことを何回も何回も繰り返し言うよりも、リーダーがブーメラン思考をして、自分が何を変えればこのトラブルが起きなくなるのかを考えたほうが、間違いなく解決が早まります。

「トラブルが再び起きないようにするには、チェックリストをつくってメンバー全員に渡したほうがいい」「チームでトラブルについての勉強会や作戦会議をやろう」など、自分の動きを変えて問題解決できる方法を考えたほうが、解決が早まるのです。

ただそれでも、トラブルの報告を受けたら、メンバーの教育のために、あえて叱ったほうがよいケースもあります。その際、ついイラッとしても、リーダーは決して感情的に「キレて」はいけません。

「叱る」と「キレる」はまったく違います。何が違うかと言えば、感情がセットになっているかいないかです。感情をともなうと「キレる」になります。私は、**「とにかくキレる**

な。キレたらゲームオーバーだから」と面談などで管理職に言っていますが、これは社長の藤田が管理職に対して言っていた言葉です。

感情が冷静なら「叱る」で、感情のままなら「キレる」ですが、この二つが別物であることがわかっていない人がいます。まずは、「叱る」と「キレる」は違うことを認識し、キレることなく、必要なときに必要なことを叱るようにするのです。

リーダーが感情的にキレたとき、受け手のメンバーの感情も強く動かされます。リーダーが負の感情を投げつければ、メンバーはそれ以上の負の感情をもつことで対抗しようとします。メンバーもキレて負の感情のぶつけ合いになるか、メンバーは感情を表に出さずに大嫌いという感情を内にためこむかです。

どちらにしても大きくネガティブな方向に感情が動きますから、一度でもキレてしまうと、その相手との関係の修復は、ほぼできなくなります。一度できてしまった感情の亀裂を埋め直すことは本当に難しく、なかなか胸襟を開いてくれなくなります。

リーダーがメンバーを叱るときには、別室に呼んで叱るほうがよく、他のメンバーがいる前で叱るのはよくないと言われますが、これは感情への配慮からです。

別室に呼ばれることで、メンバーは、「配慮された」と感じるでしょう。リーダーもメンバーを別室に呼ぶことで、ひと呼吸間が空き、感情をリセットして冷静に叱ることができます。叱られるメンバーも、冷静にしっかりと受け止めることができます。何よりも大事なのは、「恥をかかされた」とメンバーが思わない点でしょう。こうしたネガティブな感情は、別室で叱るほうが生まれにくいのです。

第四章

強みを伸ばす

発信するとチャンスが増える

ＳＮＳでもブログでもメールマガジンでもよいのですが、情報を発信する人は、自分の強みを発揮するチャンスが多く寄ってきます。

たとえば、「自分はこうした思いで仕事をやっている」「将来はこんな仕事をしてみたい」「こういう仕事があれば、ぜひとも挑戦したい」といったことをＳＮＳやブログなどに書くと、「すばらしいね」といった賛成意見を言われることもあれば、「何を夢みたいなことを」といった反対意見を言われることもあります。しかしこうしたリアクションを見ることで、自分の考えや意見が他の人に確実に届いていることを実感できます。意思表明によって学びが増えるという考え方です。

私たちサイバーエージェントでは役員も社員も自由にＳＮＳで思い思いのことを書いています。社員が経営陣のＳＮＳを見ることもあれば、経営陣も社員が書くブログなどをよく見ているので、「いいことを書いているね」とコメントすることがあったり、ときには役員会で「新入社員の山田君のブログ、すごくよかったね」と話題になることもあったりします。たとえネット上で知っていても、グループ全体で四〇〇〇人以上の社員がいるため、経営陣が実際に会ったことがない社員がいるのも事実ですが、「あのブログを書いていた鈴木さんか」という会話が生まれることもあります。

このように情報を発信する人は、自分という存在を認識してもらったり、考えを理解してもらったりすることができることでどんなメリットがあるのかというと、応援者が増えるということです。これは、発信する人だけが得られる財産です。

情報発信のポイントは三つあります。

一つ目は、とにかく文字にすること。文字にすると自分の言葉での表現となり、脳に定着しやすくなります。自分の考えや意見を頭の中から取り出して、目で見える文字に変換することが大切です。

二つ目は、他人からのリアクションがある場で行うこと。何かしらの反響があるところで発信するほうが、やりがいがありますし、長続きします。

三つ目は、仕事だけでなく趣味など仕事以外の自分を書くこと。たとえば映画好きだと知られていれば、映画に関する新規事業を立ちあげるときに声がかかる確率が上がります。また、発信することで共通の話題が増え、人から興味をもってもらえる可能性が高まります。たとえば私が見たアニメの話などをSNSやブログにあげたりすると、社員から「曽山さんもあのアニメ見たんですね！」と声がかけやすくなります。

「自分のことを知っている人はほんの一握りしかいない」という前提に立って、多くの人に見てもらえる場所で情報を発信すると、思いがけないところからチャンスが巡ってくることがあります。

言葉の開発をする

多くの人に見られる場所で自分なりの考えや意見を発信していると、それだけで言葉が磨かれます。たとえば、本を読んで、SNSに文章を書いたとします。自分としては、他の人がまだ気づいていない視点からの意見であり、渾身の記事だったにもかかわらず、なんのコメントもなく、「いいね」などもあまりつかないということがあります。

本人としては、予想外のことに少し落ち込むわけですが、このときに、「タイトルを間違えたかな」「中身がちょっと上から目線だったかな」「このテーマに関しては、みんな興味がないのかな」など、いろいろなことを考えます。この反省によって、言葉が磨かれていくのです。

「言葉の開発をしよう」と言っているのは、サイバーエージェント社長の藤田晋です。言葉の開発というのは、記憶に残るような、人を動かす言葉を創るという意味です。

凡庸なありきたりの言葉だと聞き流してしまうことも、新しい言葉や覚えやすい言葉、印象に残る言葉にすることができれば、聞いた人の記憶に残る可能性が高まります。記憶に残れば、その言葉を別の場所で使ってくれるかもしれませんし、その人の行動が変わるかもしれません。聞いた人の判断基準や考え方に影響を与え、ときには聞いた人の成長を速めることもできるのです。

たとえば「決断経験」という言葉があります。これは、私たちが人材の成長において非常に重視している考え方を表した言葉ですが、私たちの造語であり、新しく開発した言葉です。

「決断」と「経験」は、普通に使われる言葉です。ただ「決断経験」と一つにして使っている人は多くなく、また端的に私たちの重要視している考え方をまとめた言葉になっています。経営陣や幹部だけでなく、新入社員もよく使ってくれている言葉です。

少ない文字で言いきるというのはとても大事で、聞いた人の記憶に残る可能性が変わります。たとえば、「人材育成のポリシーはなんですか？」と聞かれたときに、「決断経験で す。決断経験を重ねれば、人材育成はうまくいきます」と答えるのと、「人材育成のポリシーは三つありまして、一つは……」と答えるのと、どちらのほうが印象に残るでしょうか。そもそも、一つですら覚えてもらえない可能性があるのに、三つもあったらまず覚えてもらえないでしょう。

こうした印象に残る、「刺さる言葉」を開発するには、いろいろな言葉をつくって、実際に使ってみて、聞く人の反応を確かめる必要があります。この反応を確かめるのに有効なのが、ブログやSNSです。ブログやSNSで自分が開発した言葉を使ってみて、その反応から学ぶことで、言葉をさらに磨くことができます。

少ない言葉で人を動かす

オリジナルな「刺さる言葉」を開発することによって、その言葉を聞いた人を動かすことができます。ですから、「言葉の開発」は、リーダーにとっても非常に重要な能力だと言えます。

話の長いリーダーが、メンバーから好かれることはありません。では、話が短いリーダーが好かれるかというと、そうでもありません。「何も言ってくれない」「説明してくれない」「何を考えているのかわからない」などということもあるからです。

もちろん、話は長いよりも短いほうがいいですが、リーダーにとって大切なのは、話の長短ではなく、大事なポイントをきちんと伝えて、メンバーを動かすことです。

「少ない言葉で人を動かせ」

私はリーダーには、よくこう言います。せっかくつくったチームのスローガンも、心に刺さらなければ普段の会話に出ることも行動に反映される可能性も減ってしまい。メンバーの動きが悪くなります。

パナソニック創業者の松下幸之助さんの言葉に、「いささか極端に言えば、指導者はその（目標を与える）ことさえ的確にやっていれば、あとは寝ていてもいいと言ってもいいほどである」というものがあります。これはまさに私に刺さった言葉。すぐに覚えてしまいましたし、普段の会話でもよく使っています。ほかにも「長所に七分目をつける。短所に三分しか目をつけない」「短所は気にせず、長所だけ、特色だけ見て使う」など印象に残る言葉がたくさんあり、幸之助さんは「言葉の開発」の点でも神様だと思います。

リーダーが自分の成功パターンを刺さる言葉にすることができれば、メンバーに伝えることができ、メンバーも成功に近づくことができます。言葉の開発力を上げることで、リーダーも成長できますし、メンバーの強みを伸ばすこともできます。当然、チームの成果も出やすくなります。

さらに、聞いた人が別のところでその言葉を使ってくれると、そのリーダーの哲学がどんどん伝播していき、多くの人との共通言語が増えるため、その組織はより強くなり強い企業文化となっていきます。

私自身、自分が社内でつくった言葉が対外的に受け入れられるのか、講演などでの発表の場ではびくびくしていた時期がありました。しかし、自分なりに自信をもってずっと言い続けていると、少しずつ共感してくれる人が増えていきました。今では、人事業界の方や経営者の方が「曽山君の言葉、社内でも使ってるよ」などと応援してくれることが増えてきました。こうしたことも「言葉の開発」がもたらしてくれた大きなメリットです。

答えは本人の中にある

私は、二八歳のときに、あるコーチング研修を受けました。他の受講者は四〇歳くらいの年上ばかり。勤める企業も様々でした。

このコーチングの研修を受けるまで、私は典型的な「私の言うことをやればよい」というう指示命令型のリーダーでしたが、この研修をきっかけに「聞く耳をもつリーダー」の一歩を踏み出すことができました。

当時、私には指示命令をしていても部下が思い通りに動いてくれないことへの疑問や不安があり、それを打開したいという危機感があったため、大きな転換点となる研修でした。

私には最適の研修でしたが、だからといって、すべての人にコーチング研修が大切かと言えば、そんなことはありません。あくまで課題があってこそ。どんなに評判のよい研修や制度であっても、合う人と合わない人がいるものです。

この研修では、三人一組となり、ロールプレイングを行いました。一人が上司役、一人が部下役、一人がオブザーバー役です。それぞれに冊子が渡され、上司の冊子には、「部下が明日商談に行くのだが、準備をまったくしていない。いつも同じように準備をせず、とても困っている」と書かれていました。部下の冊子には、「上司は指示が細かくてうるさい」と。

オブザーバーの冊子には両方が書いてあります。何も教えられない段階でロールプレイングを行うと、その冊子の通りの役割をそれぞれが演じるので対話がうまくいかず、ケンカのようになります。その後、コーチングの方法を教えてもらいながら、その通りにやっていくと、対話が少しずつうまくできるようになりました。

その内容はどのようなものかというと、「答えは本人の中にある」という考え方です。コーチングでは、相手に対していろいろな質問をして、とにかく相手に話させるようにします。本人に話してもらったうえで、その決断をやらせると本人に覚悟が生まれてやりきってくれる、というものでした。この考えが、私には非常に新鮮でした。

メンバーに意見を言わせることは大事だ、とそれまでも私は認識してはいました。ただ、意見を言っても自分の意見と違うとつい否定していたのだと思います。トップダウンが強い指示命令型のリーダーの場合、「そんな意見だからダメなんだ」「そんな浅い考えでもってくるなよ」と、リーダーはメンバーが言った意見を全否定してしまいがちです。「意見を言え」と言われているから言っているのに、言うと「そんな意見はいらない」と答えられてしまう。これは、メンバーにとっては「魔のループ」です。言っても怒られ、言わなくても怒られる。これは弱みが露呈している状況であり、強みを出すのは非常に困難です。

メンバーが意見を言ったら、リーダーは、**「そうした意見もあるよね」**とまず承認してあげることが大切です。その意見の難易度が高い場合などは、**「意見を言ってくれてありがとう」**と感謝を伝える。仮に意見の内容が自分の考えと正反対だったとしても、感謝を伝えることで、「自分の意見を聞いてくれる人だ」とメンバーは安心します。

チームができたばかりのときなどリーダーとメンバーの信頼関係が構築できていない段階では、意見を言うこと自体をメンバーが恐れているので、リーダーが感謝を伝えることは特に効果的です。考え方を認め、意見を言ってくれたことに感謝すれば、そのあとに意見の内容についてダメ出しをしてもお互いに建設的に議論しやすい雰囲気が生まれます。「たしかにこうした意見もあるね。意見を出してくれてありがとう。でも、もっとこういう点を加えて考えてもらえるかな」

承認と感謝の言葉があるかないかで、メンバーのリーダーに対する見方が変わります。否定するだけだと、権限を振りかざして言っているだけで、メンバーからはリーダーに余裕がないように見えてしまうものなのです。

メンバーは、余裕のないリーダーには声をかけるのを躊躇します。意見を言ったときに、とりあえずそれを認めてもらえ、感謝の言葉の一つももらえれば、それだけでもリーダーとメンバーの関係性は一歩進みます。「意見を言っていいんだ」とメンバーが思えれば、少しずつですが意見や提言の量が増えていきます。意見の量が増えれば、次第に質も上がってくるものなのです。

言わせて、やらせる

サイバーエージェントでは、「言わせて、やらせる」ことをとても大事にしています。

私が人事本部長になって間もないころ、社長の藤田に、「この部署にこんな問題点があります」と伝えました。すると、藤田は、「よく見つけたね。うまくやっておいて」と私に依頼を返したのです。

これには衝撃を受けました。そのときに私が想像していたのは、「わかった。その部署に言っておく」という言葉でした。藤田から、その部署の責任者に問題点を伝達してもらえると思っていたのです。

ところが、「やっておいて」の一言。「あ、はい。わかりました」としか言えませんでした。そして、そう言ってしまった瞬間に、私の行動は決まります。他部署の問題点を指摘し、「やっておいて」と権限を与えられ、それを解決しますと言ってしまった以上、結果を出すしかありません。物を申して、権限まで振られて、できなかったでは、本当にカッコ悪い。

自分が「やる」と言ったその瞬間に、「やらなければ」という覚悟が生まれます。だからこそ私は面談などで「どうしたいの？」と質問をして、「言わせる」ことを重視しています。

その人が自ら「やる」と言って覚悟がもてたら、実際にやってもらいます。覚悟がある分、実行力は間違いなく高まり、成功確率が上がるからです。仮に失敗しても、自分の決断ですから言い訳もせず、自分の反省が学びとなり、財産となっていきます。

結果として、「やります」と言って覚悟をもって取り組み、成果を出せば評価する。こうした、言い出して、実際にやって、成果を出した人を厚遇することは、主体性を発揮する風土をつくるためにとても大切なことです。

ただし、「言わせて、やらせる」が企業の風土となるまでは、時間がかかります。言わせてやったあとに失敗したら、評価が下がるのではと恐れる人もいるからです。

そうならないためにやることとは、とにかく事例を増やすこと。自分で手を挙げて新規事業を始めた若手がいれば、成功するまで支援する。成功したら大々的に評価する一方、失敗したときにはきちんと労う。失敗した人に経営幹部が労いを見せることこそが、「言わせて、やらせる」ために大切な配慮です。

意思表明する人だけの特権

自分の意見を言ったり、意思表明をしたりすることが大事だと確信したのは、私が人事本部長になってからのことです。

私は営業時代、一定の実績をあげていたにもかかわらず、新会社の社長や新規事業の担当者に抜擢されることはありませんでした。同じような成績の営業の担当者が、社長に抜擢されるのを見て、「なんで俺じゃないんだ」と悔しい思いをしたこともありました。抜擢された人と私の違いは何なのか、それを知りたいと思っていました。

人事部長になり、その違いを明らかにすることは、全社員のためにもなるはずだと思い、社内で活躍する人材をリストアップし、実際に会いに行って話を聞きました。

「なぜ社長に抜擢されたのだと思いますか？」

この質問に、ある人は、「藤田社長に、社長をやりたいと言ったからね」と答え、別のある人は、「入社したときから社長をやりたいと言い続けていたから」と答えました。みんな、「社長をやりたい」と意思表明していたのです。そして、その言い方が非常に軽いのも共通していました。「社長」の二文字は重いのですが、「社長になりたいと言っていた」とまるで他の人も当然やっているよね、というような顔で話していました。

ここで私は、「自分は社長になりたいと一回も言ったことがない」ことに気づき、「えっ、言ったからなれたのか」と思ったのです。

実際、彼らは優秀な人材だったのですが、よくよく聞くと一回言ったくらいでは社長になれず、藤田や他の役員から一度はダメ出しをされていました。「いいね、やってよ」とまずは肯定されたとのこと。ただ、そのあとに「でも、ここが足りないな」と注文がついたというのです。肯定と注文がセットになるのです。

「まだ業績をあげていないな」「メンバーの信頼を勝ち得ていないよ」など、人によって注文は違いますが、不足点を伝えられていました。この「自分の不足点がわかる」ことこそ重要で、意思表明をした人だけが得られるものなのです。このことも、私はこのとき初めて知りました。

これ以来、何かやりたいことがある人には、学生でも社会人でも、**「とにかく意思表明をしろ」**と言っています。意思表明をすれば、肯定する意見か否定する意見が、必ずもらえます。肯定されれば、応援と考えればいいですし、否定されたら、その理由を聞くことで自分の足らない点を教えてもらえます。自分の脳で考えるだけでなく、他人の脳を借りられるという、「フィードバック特権」が得られるのです。

第三者の脳を借りられるのは、意思表明をした人だけです。意思表明をしていない人は、自分で考えることで内省することはできますが、他人の脳は使えません。一〇〇人に意思表明をした人は、一〇〇人の脳を借りられます。それによって自分の考えをアップグレードすることもできますし、内省も進みます。それだけ成長が速くなる可能性が高まります。

意思表明は、重いものであればあるほど、一対一の面談など、他人からは見えない場所で行われます。それゆえに、意思表明をしていない人からは、意思表明している人が見えません。以前の私には、意思表明している同僚のことが見えていませんでした。

ある事業部の若いメンバーとの面談です。

「今後は何をしたいの？」

「部署内で新しいプロジェクトが始まるので、それをやりたいんです」

「いいね。ちなみに、それは上司に話してる？」

「まだ話はしてないです」

「だとしたら難しいかもね。上司が知らないわけだし」

上司も、そんな希望や意志があることを知らないのですから、可能性がゼロではないとしても抜擢や異動させる可能性が高まらない。

「上司に言ってみます！」

「いいね。じゃあ、いつ話してみる？」

日付を決めて、自分の心の底にある思いを行動に変える。こうして背中を押してあげるようにしています。

私は人事部長として、経営陣に対しても、現場の社員に対しても、できるかぎり気づいたことは言うようにしています。言わないより、言ったほうが、お互いにとっても、組織にとっても得のほうが多いと思うからです。

自分の意見や意思表明に対して、否定する意見や反発があったら、その意見や反発から学べばいいのです。こうしたことを意識するようになってから、人事部長としても成長したと思います。

人事はいろいろな部署の不都合も見えます。不都合をだまっていることもできますが、言わないと変わりません。もちろん、「これはだまっていたほうがいいかな」と思うこともあります。そのときは、言った場合と、言わない場合をイメージして、より最終的な成果が大きいほうを選びます。常に成果から考えるようにしています。

言わせて、やらせて、成果を出させ、その人たちを厚遇する。「言わせる」ことは本当に難しいことです。私自身、以前は意思表明をしなかった人間ですから、自分の意見を言うことや、意思表明をすることには怖さや難しさがあることを体感しています。だからこそ、言うべきことを言える雰囲気をどれだけつくれるかに注力しています。

言いやすい風土は、企業にとっても間違いなくプラスですし、個人にとってもチャンスが増えるものだからです。そのためには、「意思表明した人が得をする」という状況を少しずつつくっていくこと。その事例を増やしていくことで、発言しない人でも「意思表明してみようかな」という気持ちをもってくれるようになります。

覚悟が強みの源泉

　サイバーエージェントには社内異動公募制度「キャリチャレ（キャリアチャレンジ制度）」というものがあります。年間で一〇〇人以上の応募があり、最初に人事が応募者全員との面談を行います。このときに重要視しているのが、本人の覚悟です。本人の覚悟は、「異動したあとの自分の動き方のイメージがどれだけできているか」でわかります。

　異動を希望する人には、大きく三つのタイプがあります。一つ目は新しい仕事にチャレンジして成果を出したいタイプ。二つ目は現在の仕事に情熱を注げていないタイプ。三つ目は両方の要素をもつタイプです。一つ目のタイプは、次の仕事のイメージがかなり具体的にできている人が多いのですが、二つ目と三つ目のタイプはできていないことがあります。

　なぜ異動したいのかを時間をかけて聞けば、最初は前向きなことを言っていても、次第に「リーダーや他のメンバーとの相性が悪く、どうしても異動したい」といった本音が見えてきます。二つ目の情熱を注げていないタイプによくあります。

相性の問題がダメなわけではありません。現在の仕事に情熱が注げていない人にはその理由をよく聞き、どうしても異動したいという場合には、その理由を含めて人事や役員が検討します。

「異動してどんな成果を出したい？」と聞いたときに、あやふやな答えしか返ってこず、後ろ向きではないけど、なんとなく異動すること自体が目的になっている。三つ目のタイプに多いパターンです。

異動して結果を出す人は、「次の仕事でも絶対に成果を出す」という強い思いをもち、退路を断つ覚悟がある人です。転職でも、会社を転々とするジョブホッパーと呼ばれる人がいます。覚悟もなく成果も出ないまま他の会社に移っていくと、信頼を獲得できないということです。次々と転職する人は、「また転職するんでしょう」と、周囲から信頼されにくいことがあります。これは社内異動であっても同様です。なんとなく異動したいという感覚の人に対しては、異動先での成功イメージを徹底的に聞くようにします。**「異動してどのような成果を出したいの？」**などと質問します。

異動先での成功イメージを考えると、改めて現在の部署での自分の活躍状況と照らし合わせるという考えが生まれます。そうなると「本当に自分は異動したいのか」を再度考えるようになります。

よく考えたうえで、「今の仕事が十分にできていないことがわかったので、もう少しがんばってみます」と「キャリチャレ」を辞退する人もいれば、「今の仕事をやり遂げることが組織やチームのためになる」と、自分の仕事の意味づけに気づくことができる人もいます。現在の業務に改めて意味づけをして、覚悟をもつことができるようになります。

逆に、よく考えたうえで、「やはり異動して次の部署でこうした仕事をやって、こんな成果を出したい」とイメージを具体化できる人もいます。こういう人は、目の真剣度合が見ていてはっきりわかったり、考えを自分なりにしっかりもっています。こちらも、覚悟をもっていると感じます。

「覚悟の量が違う」という考え方があります。これは同じような経験や能力であっても、自分でやりきると言い聞かせている人のほうが、努力の総量も能力の発揮度合いも高くなり、結果として成果も大きくなっていくという考えです。覚悟というのは「やりきる」という自らへの宣言であり、退路を断つことです。無駄な迷いや考えを取り除くことで、集中できる状況が生まれ、結果として自分の強みが自然と出るようになっていきます。

なお、異動を希望する人にはもう一つ、**「自分なりにやり抜いたことは何？」**と聞くよ

「どんな成果を出したのか」ではなく、を「自分なりにやり抜いたこと」を聞くことで、結果に結びつかなかったケースでも、その人の努力プロセスを知り、仕事への取り組み方や強みがどのように出ているかを理解することができるからです。

新規事業や新サービスの開発などに携わっている場合は、まだ成果が出ていないこともあります。成果を出した人しか異動できないとなると、成果が出やすい部署にしか行きたがらなくなります。これは問題です。

「これをやり抜きました」「これをやりきりました」。こう言える人は、次の部署でも活躍するケースが多くありますので、前向きに検討できます。一方で、「正直、やり抜いたと言えることはあまりない」と話してくれる人もいます。そういう人には、「次の部署でも同じような状況になったらどうする？」と投げかけます。「また同じパターンになってしまうかもしれません」と言う人には改めて自分が何をするのかを考えてもらい、「今回は、こういう思いがあるのでやりきります」と宣言する人には背中を押してあげると、大きく前進していきます。

言いやすい環境は自然にはできない

この「キャリチャレ」は、始めた当初は応募がほとんどありませんでした。応募して異動すると、現在の上司に怒られるのではないかという恐れが、多くの社員にあったからです。「言わせて、やらせるキャリチャレ」も、誰も「やりたい」と言わなければ、制度の意味がありません。

そこで、いかに言いやすい環境をつくるか、言いやすくする作戦が大事でした。まず、応募資料は人事と役員しか見ることができず、応募者の上司には絶対に見せない、と決めました。異動が実現してもしなくても、応募したこと自体が上司にはわからないように秘密厳守の仕組みにしました。

受け入れ候補部署との面談も秘密裏に行われ、役員会で異動が決まっても、「キャリチャレ」で決まったとは言わずに、役員会に異動の人事案が提案されて、それが決議されたという普通のかたちになっています。

あとは、本人と上司との関係性の中で、「実はキャリチャレに応募しました」などと、二人の信頼関係の中で言うことは、本人に任せています。

とにかく「キャリチャレ」のプロセスを外から見えないようにして、応募者が応募しやすくなるように工夫を重ねました。そうした工夫や配慮をしても、「あの部署は幹部が厳しいので、キャリチャレが通りづらいらしい」といった噂が出たこともあります。異動の成功事例が少なかった部署では、そうした噂がどこからとなく流れていました。

そうした噂があるときは、そうした噂があることを人事が担当役員本人に伝えます。噂である以上、具体的な解決策はないのですが、それも率直に伝えます。そうすると、その部署の幹部や管理職で社員とのキャリアを相談する面談を増やす努力をしたり、一人ひとりの成長を考えた育成プログラムを実施したりするなどの試みが生まれ、結果として成長を応援する部署という風土ができあがっていきます。そういった取り組みに加えて、少しだとしても実際に異動事例が出ると、噂は自然となくなっていきます。

また、「キャリチャレ」をサポートする仕組みとして、「キャリバー」という社内求人サイトもつくりました。「CyBAR（サイバー）」と呼ぶ社内報があるのですが、その社内報に求人スペースを設けることで「キャリアのCyBAR」を「キャリバー」と呼んでいます。そこには、「どういう仕事を実際にやっているのか」「どんな人に来てほしいか」といった情報が掲載されています。広告営業やメディア部門のエンジニア、ゲーム部門のデザイナーといった職種ごとに掲載されており、社員は誰でも見ることができます。

随時二五〇以上の求人があり、言ってみれば、企業内に労働市場があり、求人情報と転職したい人のマッチングサイトがあるわけです。職種の幅も広いので、まったく違う職種に転職したいという人もいます。

企業内の労働市場をきちんと見せるというのは、社員の成長にとっても会社への定着率の向上にとっても有効です。社員一人ひとりにとっては人生の選択肢が増えることにもなりますし、その分チャレンジできる幅が広くなるため安心材料にもなります。

こうした努力のかいもあって、応募者は少しずつ増え、今では半期で約五〇人、一年間で約一〇〇人が異動を希望して応募しています。そのうちの半分、約五〇人が実際に異動するようになりました。

毎月五分の全社アンケート

さてもう一つ、才能開花や強みの発掘に活用している仕組みをご紹介します。「GEP

PO」というものです。月次の報告、つまり月報という意味の仕組みです。これは毎月、全社員に五分ほどでやってもらう「自分のコンディションを報告するアンケート」のことで、毎月役員会で議論の材料にしています。これは人事の中でもキャリアエージェントと呼ばれる社内ヘッドハンターと役員しか見ることができません。上司や関係者にはその本人が望まないかぎり伝えないとしているので、本音のコメントがたくさん書かれていま す。

一問目は、成果やパフォーマンスを聞いています。「あなたの先月の成果は？」。快晴、晴れ、曇り、雨、大雨という五つから答えてもらいます。キャリアエージェントでは社員一人ひとりの数年分の天気がいつでも見られるようになっており、何か変化があれば連絡をしたり、相談にのったりするようにしています。

天気で個人に聞くというのは、「定性情報の定量化」という考え方を基本にしています。個人の感情や主観情報は見えにくいものですが、たとえば天気などである程度の類型化をすることで定量化できるようになります。快晴を五点、大雨を一点などとすると集計もしやすくなって部署別の傾向が見えますし、個人の推移を見れば、その社員のコンディションが晴れから次第に曇り、雨に変わったことなどがわかります。

最近では個人の成果を聞くだけでなく、組織の成果についても天気をつけてもらうようにしており、個人の自分自身の評価と組織に対する差異についても、適材適所ができているかのヒントとして分析したり、役員との議論に使ったりしています。

二つ目の質問は毎月変えています。「あなたが将来やりたいことはなんですか」「あなたの強みはなんですか」など、その本人の自覚しているものを聞く質問もあれば、「会社のミッションの浸透度合いはどれくらいですか」など価値観の浸透度を聞いたり、「業務の棚卸はできていますか」など組織課題を聞いたりして、会社や組織の視点で質問を毎月変えています。

様々な切り口で聞くことで、会社の課題を社員一人ひとりがどう受け止めているかの全体像をつかむことができます。たった一人の声でも会社全体の課題のヒントとして役員会で議論することもありますし、特定の部署でのよい雰囲気がわかるとその部署がやっている取り組みを取材させてもらって全社に社内報などで共有するということもあります。

三つ目には、フリーコメント欄があり、どんなことでも書いていいようにしています。そこには「こういうことをがんばります」「こういうことをしたい」といった宣言の意思表明もあれば、「自分の仕事を棚卸したい」「キャリアの相談にのってほしい」など、自分に向き合うための要望が書かれていることもあります。何か意思表明した人には、必要なら人事が面談を行います。「GEPPO」がきっかけで新しい仕事のチャンスを得たり、異動が決まったりする人も増えています。

アンケート自体は簡単なので、毎月、九割以上が回答してくれています。ポイントは簡単に回答できること。私は人事制度など会社の仕組みをつくるときに、**「ライトでいいから続けることが大事だ」**とメンバーに伝えています。とにかく軽く（ライトに）運用できるようなものにすること。それが利用者である社員の心理的抵抗を最小化させることになり、継続さえすればのちに大きな成果になるという考え方です。

「言わせて、やらせる」を実現し、かつ、その数を増やすためには、言いやすい環境、言いやすい雰囲気をつくることが大切ですが、上司と部下の面談、など一つの切り口だけで言いやすくなるわけではありません。「GEPPO」のようなオンラインでのアンケートも言いやすい雰囲気づくりの一つの効果的なやり方です。

異動はプラスとプラスで考える

異動には、会社にとってのプラスと、個人にとってのプラスの二つがあります。その人を異動させるかどうかを決めるときには、会社にとってプラスかどうかと、本人にとってプラスかどうかの二つの観点から議論を行います。

会社にとってマイナスになる異動は、基本的に行いません。これが原則です。本人がA事業部からB事業部に移りたいという異動希望を出している場合に、本人にとってのプラスマイナスと、会社にとってのプラスマイナスを考えながら進めます。

B事業部への異動が決まれば、本人のやる気はあがり、本人にとっては間違いなくプラスです。さらに重要なのは、この異動でB事業部の業績があがるかどうかです。それを役員会で議論して、業績はあがると意見が一致すれば、B事業部への異動が決まります。一方で出元であるA事業部がそのメンバーの異動によって致命的な打撃を受けるマイナスの場合には、苦渋の決断ですが現状維持という判断になります。

異動希望を出している人に対して、異動がNGのときに、このプラス・プラスの考え方を話します。

「会社にとってプラスで、個人にとってもプラスなら、異動を前向きに進めます。ただ、今この時点では、山田さんが異動してしまうと穴埋めできる人が誰もおらず、会社のマイ

ナスが大きいので、役員会で議論した結果、今回は見送りとなりました。ただ、気持ちはよくわかったので、次回、改めて希望を出してほしい。その際に一つだけ、お願いがあります。後任について、作戦を考えてもらえますか。必要なら一緒に相談にのります」

このように、異動がＮＧなのは現時点の会社にとってマイナスだからであり、それをプラスにするためには何をしてほしいのか、お願いを伝えるようにします。

異動がＮＧである理由がわからず、はぐらかされていると思うと人は疑心暗鬼になります。そうならないように、何をすれば会社にとってもプラスになり、異動がかなう可能性が高まるのかをきちんと話します。ＮＧのときこそ率直に話す。そうすると、本人も何をがんばれば自分が異動できるのかがわかりますから、がんばりがいが出ます。本人が努力できる道筋に合意することが、とても大切です。

異動の社内公募制度などで一番大事なのは、異動がＮＧの人に対してどう対応するかです。「キャリチャレ」でも、約一〇〇人が応募して、半分の約五〇人は異動が決まりますが、残りの五〇人はＮＧです。このＮＧのメンバーに対しては、「なぜダメだったのか」「どうすれば異動できるのか」「キャリアをどう考え直すのか」など、必ず直接対話をするようにしています。

「キャリチャレ」についてもう一つ。責任感が強い人ほど、異動公募制度へのハードルが高く、手を挙げなくなる傾向があります。それは、現在の部署に対する愛着やミッションが大きいことが最も大きな要因ですが、所属が長い場合に、別の感情が出ていることがあります。それが本当はキャリアを転換したいと思っているモヤモヤゾーンに入っている状態です。そうなると、せっかく実力があっても集中して強みが発揮されないという状態が続いてしまいます。

これを私は、「偽善的責任感」と呼んでいます。「この部署のために、俺がやらないで誰がやる」という意識が極端に強くなる一方、自分のキャリアに不安を抱えている自己犠牲を自らに課してしまう状態のことを言います。

こうした偽善的責任感は、本人の意欲の高さの素晴らしさと、強い思い込みのよくない点が同居している状態です。私自身、人事への異動を申し渡されたとき、最初に思ったのは「営業は、私がいなくなって大丈夫だろうか。業績が下がってしまうのではないか」ということでした。ところが実際には、私がいなくなって営業部門の業績はあがりました。私も、偽善的責任感の塊だったということです。

その人がいないと成果が出ないという状態は、組織としては善ではありません。その人への依存度が高い組織というのは立ちあげのときこそ重要ですが、継続性においては危うさがあります。

リーダーは、ナンバー2を育て、自分がいなくても成果を出せるチームをつくる必要があります。そしてナンバー2にあとを託して、自分は新たな仕事に挑戦していくと、新たな仕事が生まれ、新たな才能開花のチャンスが増えていきます。

役員にも「言わせて、やらせる」

サイバーエージェントには「言わせて、やらせる」の最も象徴的な場として、経営陣が役員会決議案でバトルする「あした会議」というものがあります。審査員は社長の藤田だけ。役員はそれぞれチームをつくり、一人三案の役員会決議案を提案するルールです。サイバーエージェントの明日につながる決議案なら、新規事業やコストダウン、新たな人事制度など、なんでも提案できます。

新会社を設立して行う新規事業案などは、実行段階が難しいので、実行が担保されるように、必要な場合は人選まで含めて提案します。そのためには、その人たちから事前に内諾をとっておく必要もあります。

ただし、全社に影響を与えられるものでないと、「あした会議」決議レベルになりません。私なら、人事部門だけで決められる企画を提案しても、「それは曽山君が自分の仕事として決めてよ」となり、点がつきません。

「全社全体でこれをやったほうがいい」「全社の若手向けにこうした制度を導入してみてはどうか」「人事の評価制度はこのように改善できるはずだ」など、経営陣が問題提起し、その解決策を提案して、それを藤田が評価して点数をつけます。二〇点満点で一〇点以上が「あした会議」決議となり、役員会決議と同じ効力を発揮します。

そして点数順に、一位から最下位まで並べられたランキングがその場で発表されます。それにとどまらず、ランキングを社員がSNSなどにあげるので、社外の人にも伝わります。これにより、役員は「ビリだけは絶対に嫌だ」と深層心理で思うようになり、さらに真剣度が増すのです。私は、こうしたゲーム性も人事制度には大事だと考えています。

「あした会議」は年に一〜二回、一泊二日で行われています。役員以外に執行役員が加わることもあるので、一〇チーム前後となり、各チームに四〜五人の社員がメンバーとしているので、総勢四〇〜五〇人の会議になります。一チーム三案で約三〇案が提案され、それらを四〇～五〇人が議論するので、参加者はみなある意味一緒に決議を決めた「共犯関係」のようになります。

役員が順位づけされ、ビリにならないように、そして根本では会社の未来に向かってよい案を考えようと必死にがんばる姿は、ちょっとした見ものです。こうしたつくりたい風土や文化に対して、経営陣が率先垂範することは、非常に効果的であり重要です。

役員は、「ビリになりたくない」というプレッシャーと、会社の未来を少しでもよいものに変えたいというポジティブな意欲の両方から提案を作成しますので、結果、よい案が大量に生まれています。

「やりたい」と自ら言うことを怖いと感じる人や、言ったら怒られると思っている人は、何も発言しないものです。そのような状況を打開するには、できるだけ言いやすい環境をつくるとともに、「あした会議」のように「言わせて、やらせる」を経営陣が率先垂範し、少しずつ風土をつくっていくしかありません。

自ら言わせて、退路を断った人に任せる。そのために、言いやすい風土をつくる。リーダーの仕事として、強みを活かす重要な考え方です。

障害排除は上司の仕事

私が「あした会議」に実際に提案して決議されたものに、「全社棚卸会議」があります。これは業務改善の会議を全部署で年に二回実施する制度です。

棚卸会議自体は、私が人事に来てから社員の声にこたえるかたちで一部の部署では行われていたのですが、これを全社に広げ、年に二回、定期的かつ継続的に行うことを提案し、決議されました。

新しい事業やサービスを生み出せば、新しい仕事が増えます。そのままにしておくと、仕事は増える一方です。新しい市場を開拓し、新しい仕事をつくるとともに、私たちは新しい「雑務」をつくっています。ですから、定期的かつ継続的に仕事や雑務を整理して、捨てていかないとパンクしてしまいます。新しい市場を開拓することは、新しい雑務を増やすことでもある。リーダーが意外に気づかない点です。

「業務負荷が重い」「なかなか処理が終わらない」という部署に対して、私たち人事が実際の業務をリストアップして棚卸会議を開き、上司がそれを見て、「いらない」と判断した業務はなくします。これを全社で定期的かつ継続的にやるのが、全社棚卸会議です。

全事業部門の時間を使うことになるので、これを実行するためには、役員会決議が必要になり、「旗振り役は、私がやります」と言いきって、実行しています。言う人とやる人が違うと、机上の空論になりがちですが、「あした会議」は、責任者や実行者まで決めることが多いので、机上の空論にはなりません。

二〇一六年に行った第一回全社棚卸会議には、社員約一五〇〇人が参加しました。人事メンバーが司会を担い、一〇〇～一五〇人を一堂に集めて一気にやります。会議の時間は一時間。なるべく時間をかけないようにしています。たった六〇分で業務改善ができると考えるわけではなく、ここでは決めるまでです。実際には一回取り組んだだけでは劇的に業務が改善することはなく、継続的に進めることで少しずつ改善できます。実際に終了後にアンケートを取ると「上司と話ができてすっきりした」「自分の悩みがみんなと同じで安心した」などの声がたくさん出てきます。

実際の会議の流れを説明します。最初の五分間で、「〇〇集計業務」「〇〇書類作成」など、自分の業務をポストイット一枚に一つずつ書き出します。すべての業務を書き出す必要はなく、「この仕事はやらなくてもいいのではないか」「この仕事は自分でなくてもできる」といった業務を優先的に書き出します。

ホワイトボードの上部にメンバーの名前を書き、その下に「改善したい順」に業務を書いたポストイットを並べ替えて貼ります。ここまでで約一五分。次に、一番左の人から順番に、自分の一番上の業務の内容を上司や周囲のメンバーに説明します。その人が最もやめたい、改善したいと思っている業務ですから、リーダーはその相談にのります。

このとき、リーダーがよく言うセリフがあります。それが、**「そんなことやっていたの」**です。リーダーが知らない業務がたくさんあるというのは、リーダーにとっても、メンバーにとってもよくありませんが、この会議ではそれがたくさん出てきます。不都合な真実ですが、多くの上司がすぐに決断してくれます。**「そうか、それはやめていいよ。知らなくてごめん」**といったシーンもよく見かけます。

その業務をやめられない場合は、アウトソースして外部化する、システム化して自動化するなど、改善策を決めます。こうした改善策はコストがかかりますから、メンバー自身の判断で行うことはできません。一人三～五分で、まずメンバーの一番上の業務の改善点を挙げていきます。これを約四五分間行えば、一〇個以上の業務改善が決議できます。

会議後、決議されたものは「誰が」「いつまでに」それを実行するかをＡ３の紙に書き、その写真を誰もが見られるようにします。

棚卸会議は、メンバーの障害の排除につながります。障害が排除されれば、メンバーは自分の強みを発揮しやすくなります。強みを活かすためには、障害を排除することが大切です。

半年後の次の棚卸会議では、前回の決議が実行に移されているか否かを、まず確認します。組織の事情もあり、決議したけれども実行できなかったこともあるはずです。それを確認し、今度はどうするかを考え、判断します。こうして障害に向き合い続けることが大事なのです。

業務改善会議をやっても、一回だけ取り組んで、改善策が決まったことに満足してしまったら意味がありません。きちんと追い続けることが重要です。オンラインアンケートである「GEPPO」を使って、会議の数か月後に棚卸の状況などを聞いたところ、改善の数値が如実に表れた部署もあります。

ちなみに「全社棚卸会議」は組織で行う障害の排除ですが、できるリーダーは、メンバーとの面談などで**「今、何か困っていることある?」**と聞くことで、メンバーの業務の棚卸を意識的に行っています。

「今、何か困っていることある？」という問いは、実はメンバーの強みを活かすための、リーダーにとっての武器になります。多くのメンバーは、「大丈夫です。特にありません」と答えます。そのときには、**「あえて挙げるとしたら何かな？」**と重ねて聞きます。そうすると、何かしら困っていることが出てきます。

こうして相談にのることで、メンバーが強みを発揮するための障害を早めに取り除くことができますし、そのメンバーの仕事の現状をよく知ることにもなります。

成果を出しているリーダーは、メンバーの障害を積極的に取り除いていることをヒントに、組織的にも棚卸会議をやることにしました。

業務の棚卸は、流通業や製造現場では一般的ですが、ホワイトカラーの現場ではやっている会社とそうでない会社があるようです。リーダー一人でもできますので、ぜひ行ってみてほしいと思います。

セカンドチャンスがあると、チャレンジが生まれる

「挑戦した敗者にはセカンドチャンスを」

これは、サイバーエージェントのミッションステートメントの一つです。二〇〇三年に宣言してから十数年。今ではセカンドチャンスの成功事例も増えてきました。上位役職者になればなるほど、失敗経験や挫折経験が豊富です。むしろ**「失敗していない人は、挑戦していない人だ」**という言葉も社内で使われています。

強みを活かすためには、組織としてセカンドチャンスを与えることが非常に大事だと考えています。なぜなら、セカンドチャンスが与えられない組織では、失敗することを恐れて誰もチャレンジをしなくなるからです。セカンドチャンスがあって初めて、「チャレンジをするか、そのままでいるか」を考えます。結果として、「チャレンジをしてみようか」と思う人が増えるのです。

では、何をもってセカンドチャンスがあると言えるのでしょうか。それは社員のセリフです。「私の会社にはセカンドチャンスがあります」と社員がはっきり言う企業には、本当にセカンドチャンスがあり、こうした発言がほとんどない企業には、セカンドチャンスは多くないと判断しています。

今は、「サイバーエージェントにはセカンドチャンスがある」と多くの社員が言ってくれると思いますが、一〇年ほど前までは、自信がありませんでした。セカンドチャンスが与えられる事例が徐々に増えていましたが、「チャレンジして評価が下がったら怖い」というセリフを社員から聞くこともあったからです。

社員にセカンドチャンスがあると思ってもらうには、何をすればいいのでしょうか。そのための解決策は一つ。セカンドチャンスを与える事例を増やすしかありません。数が多くなって、「あの人も一度失敗した。あの人も失敗経験がある。でも、みんな楽しそうに仕事をしている。それはセカンドチャンスがあったからだ」と本心から思えるようになります。

新しい企業風土をつくりたいときには、その風土を生み出す事例を増やすことが重要。「事例が増えないと風土はできない」というのが、私の持論です。

事例を増やしたら、次にやるべきことは、それを広めることです。社内報や社内サイトでとりあげるなど、たくさんの事例を多くの人が目にすることで、少しずつ時間をかけて風土になっていくのです。

さて、セカンドチャンスの事例がなかったころは、新規事業の立ちあげで失敗すると多くが「辞めたい」と人事に言ってきました。そんなときには、**「いや、がんばれ。次のチャンスで失敗の財産を活かせるから。その経験が強みになり、武器になっているから」**と励ましました。失敗したと思っている人は、しばらくは自分を責めるなど、気持ちに波があるので、継続的に面談も行いました。

しかし、少しずつでも成果が出てくると、自信が復活してきます。自信がある程度復活した段階でセカンドチャンスを与え、失敗の経験を生かして成功できるような流れをつくります。そして、セカンドチャンスで成果を出せば、人事が目を離してももう大丈夫です。

ある企業では、チャレンジを促して、実際にやらせたとしても、失敗したら罰せられたり、昇格に影響があったりするとのこと。そんな人しか見えなければ、怖くて誰もチャレンジしなくなるのは当然です。

サイバーエージェントでも、自分で手を挙げて新規事業にチャレンジしたいという人は決して全員ではありません。多くて二〜三割でしょう。ただ、そうではない七〜八割の人も、セカンドチャンスを与えられて成功する人を見ていくと、「私にもできるかも」と思えるようになります。こういう事例を増やすことで、チャレンジしたい人や手を挙げる人を一人ひとり増やしていくのです。

この「私にもできるかも」と思ってもらえるようにすることが、チャレンジする風土をつくる第一歩になります。「私にもできるかも」「手を伸ばせば届くかもしれない」「人生が変わるかな」と、普通と思っている人たちに一歩前に踏み出してもらう環境をつくれるかが重要なのです。

リスクをとる人を評価する

サイバーエージェントには、二年に一回、取締役八人のうち二人を入れ替える「CA8」という制度があります。私も、六年間取締役を務めたのち、役員交代で二年間執行役員になりました。そのとき、社長の藤田とのマンツーマンの面談で、「これから人事の案件については、役員会にもってこなくていいよ」と権限委譲をされました。

加えて、「一つだけフィードバックしておく」と、次のように話がありました。

「曽山君にやってほしいのは、人事として、リスクをとる人を評価してほしいということ。そのうえで、曽山君自身も、もっとリスクをとったほうがいいよ」

これには、ドキッとしました。サイバーエージェントは新しい産業をつくっている会社です。チャレンジなくして新しいものは生まれません。チャレンジとは、戦いを挑むこと。まさにリスクテイクなのです。

今振り返ると、役員の六年間よりも、執行役員の二年間のほうが、私は明らかに伸びました。これが実感です。なぜかと言えば、自分なりにたくさんリスクをとってチャレンジしたからです。取締役だった六年間も精一杯がんばりましたが、それ以上に執行役員の二年間で変わったのは、自分で経営課題を設定し、自分で動かしたこと。特に、人材開発に関する取り組みを増やしました。それによって若手社員の抜擢が多くなり、役員級の異動もよく行われ、業績につながる人材の流動性があがりました。

業務内容によっては、リスクをとる人を評価する必要はないかもしれません。しかし、新しいものを生み出し、社会にインパクトを与えるのであれば、今ないものを創るリスクテイクが必要です。そういう事業に挑戦しているのであれば、リスクをとる人を評価する必要があります。

リスクをとる第一歩は、意思表明です。自分の意見を言う人は、言わない人よりリスクテイカーです。だから、私は意見を言う人をとにかく褒めるようにしています。

意思表明するメンバーは、応援が増えたり承認されたりすることで自信をもつようになります。それが武器になって強みも出やすくなります。リスクテイクを認めたうえで、意見の内容が悪ければ、ダメ出しをしてもいいと思います。

意見を言うメンバーが増え、それを褒めるリーダーが増えれば、個人も企業も成長することができます。そして組織は絶対に強くなっていきます。

第五章

強みを活かすマネジメント

決断経験が強みを増やす

サイバーエージェントの人材育成で最も大事な考え方は何かと問われれば、「決断経験」です。研修や勉強会、面談、フィードバックなども人材育成には必要ですが、何よりも大切なのは決断経験だと考えています。

営業担当者が、お客さまにA商品を提案するか、B商品を提案するかを決めるのも決断ですし、部内で起きているトラブルを部長に伝えると決めるのも決断です。小さなことでも、大きなことでも決断です。

決断と言うと、一〇億円の投資を決めるような大きな決断を意味することが多いと思われがちですが、私は、「人は日々決断している」ものだと考えています。そして、毎日、自分が決めたことをきちんと認識しておくことが大事になります。

人事という仕事柄、社外のヘッドハンターやエグゼクティブサーチの方にお会いすることも多いのですが、引き抜きたいと思う人は、同じ年齢や社会経験なら、大きな決断を下した数が多い人だとよく聞きます。なぜなら、一度決断したなら、同じようなケースの決断を行う知恵に加えて、胆力があるからです。決断経験がない人は、高スキルであっても、決断できるかどうかがわからないため、逃げてしまったり先送りしたりしてスピードが落ちる可能性があるのです。

さらに、一〇人中五人に決断経験があったなら、その五人の中で、その決断によって成功した人、つまり決断の質が高い人を選びます。さらに、一〇人の組織での決断なのか、一〇〇人の組織での決断なのか、一〇〇〇人の組織での決断なのかでも、決断の重さという質が大きく変わります。

まずは決断の数を自らどれだけ増やしているか、量が大事です。量が増えてくれば、次に質が大事になります。自分から上司や先輩に対して問題を提起している人は、決断量が多くなります。受け身の人は成長しないとよく言われることがありますが、それは主体的な決断の数が少ないから。今受け身であっても、これから決断を増やす努力をしていけば、成長につなげることができます。

自らの能動的な意思を決めて、判断するのが決断です。決断の量が増えると、同じような決断は簡単にできるようになります。トラブルも、同じようなトラブルなら慣れて、「また起きたか。でも、これで解決できるよ」とすぐに解決策を指示できるのと同じです。

マンネリというのは、慣れた決断ばかりで、決断の質が横ばいの状況を言います。仕事に飽きたというのも同じです。仕事の意味づけを再定義するか、決断経験の質が高まるように職種を変えるか、ポジションをあげるしか、マンネリを打破する方法はありません。

決断の量が多く、そして決断の質の高い人は、新しい会社や新規事業のトップを任されて予測不可能な状況に陥ったとしても、対応できる可能性が高いと言えます。だから、ヘッドハンターは、履歴書のスペックだけでなく、どういう決断をした人か、その結果から何を学んだかを見ています。決断経験が、人材の市場価値を決めるのです。

良質な決断経験をしてもらうためには環境が必要です。**「環境が人を育てる」**ことは間違いありません。新入社員を配属するときも、人事から現場に「どんな決断経験をさせるのか」をよく考えてほしいと伝えています。

生まれたばかりの新しい商品の営業担当に新入社員をあてることがあります。新しい商品は、ベテランの営業担当者にとっても初めての商品ですからスタートラインが同じになります。また、新商品はどれほど受注できるか予測しにくいので、目標金額が低く、ベテランはあまりやりたがりません。しかし、新入社員にとっては目標金額が少ないほうがやりやすい面があります。

新しい商品やサービスの営業にチャレンジしてもらい、その分野でがんばって実績をあげれば、若手でも責任者になれます。新しい商品やサービスなので苦労はしますが、その分野が伸びれば、若手も一緒に伸びることができます。

新ジャンルを育てたいという経営課題と、若手を育てたいという経営課題の両方を解決することができるのです。サイバーエージェントで未開の分野である新規事業を若手に任せるのも、同じ考えに基づいています。

「この二年でどんな決断経験をした？」「そこからどんなことを学んだ？」

これらは面談でよく聞く質問です。伸びる人は、自分の決断を認識して内省します。決断→認識→内省というサイクルが回ります。

同じような仕事の修羅場をくぐった人でも、自分なりの成功メソッドがたまっている人と、たまっていない人に分かれますが、これは決断経験の内省をしているかどうかです。

「内省するリーダーは育つ」とよく言われますが、自分の決めたことを決断だとまず認識して、その決断から得られたことを、成功でも失敗でも自分の学習にします。

学習することで、自分の持論をつくり、成功パターンを増やします。成功パターンが増えたら、それを言語化します。言葉にできると再現性が生まれ、メンバーに伝えることができます。メンバーに教えることで、自分も再学習でき、成功パターンの内容が深まり、学習定着率も上がります。成功モデルがより高まり、強みとなって固まっていくのです。

抜擢は意図的に

仕事の経験を通じて人は育ちます。ですから、どのような仕事を任せるのかは、とても大事になります。特に、伸びしろのある人、メンタルが強くてやり抜く力がある人などに、どのような仕事環境を与えるかで、その人のその後の成長スピードが変わります。

ただし、その人が成長するために、あえて仕事環境をつくって与えることはしてはいけません。くれぐれもどんな成果を出すのかという視点が先です。成果を出せそうな新規事業のリーダーのポジションや、営業のリーダーをサポートするセカンドのポジションなど、仕事のポジションが先にあって、そこに誰がいいかと考えるようにしています。この人にはどんな仕事がいいだろうかと、人から発想することをしてはならない。人材育成のためのポジションづくりはやっていません。

なぜなら、会社のリーダーは業績が伸び続けることを一番に考える必要があるからです。そのために社員にも伸びてもらいたいという順番です。成果を出すためには、どういう布陣がベストなのか、ベストな人選は誰か、というように業績や成果から逆算する。若手のほうが成果を出せそうなら、若手を抜擢して任せる。抜擢することで、新しいチャレンジングな環境を与えるようにするのがよいのです。

リーダーにとって、実は抜擢をするよりも、しないほうが楽です。抜擢が失敗に終われば、抜擢した人の人材選定能力に疑問符がつくからです。手堅い人材で固めるほうが、リスクが少なくて楽なのです。

抜擢は、響きのよい言葉ですが、躊躇している間にできないまま時間だけが過ぎていくものです。ですから、**「意図的に抜擢する」**と思っていないと、堅実な人材で均衡してしまいがちです。それがよい悪いではなく、そういう組織になります。

サイバーエージェントは、大化けする人材を育てて、二一世紀を代表する企業になりたいと思っています。抜擢をして思いきって仕事を任せ、組織と人の両方が急成長できることを目指しています。

インターネット産業は新しい産業ですから、そうした新しい分野においては二〇代でも、経験のある四〇代でも、ほぼ同じスタート地点に立てます。スマートフォン（以下スマホ）のサービス開発では、四〇代だから経験があって断然有利ということはないのです。逆に、一日中スマホを使っている若手のほうが、経済合理性で考えても、成功確率が高いと判断できることもあります。

ここで確率の論理が入り込むと、「新会社を設立するのだから、若手に任せるのはリスクが高くて怖い」と、スマホ経験の少ない四〇代を社長にしてしまいます。そうすると、二〇代の若手は伸びません。がんばれば大きな成果が出る環境を与え、そこで他人の何倍も努力することで、その人は成長することができるのです。

私たちは抜擢を行う役員会議のときに、成功確率の話をすることはほとんどありません。抜擢するポジションの課題をよく見て、その課題を一番解決してくれそうな人を選びます。確率やパーセンテージは、人それぞれの感覚的なものなので、あくまでもっとも適切な人材は誰なのかだけに集中するようにしています。

それでは、課題を一番解決してくれそうな人をどう選ぶのかと言えば、自分たちがよく知っている人の中から選ぶということになります。よく知らない人をチームメンバーに入れることはあっても、その新規事業のトップに抜擢することはリスクが高い以上に無責任なので、そういう人事はしないようにしています。

社員を知るのは経営の仕事

意図的に抜擢を行うためには、たくさんの人物を知っていることが重要です。よく知っている人の中からだけ選ぶと、経営陣にゴマをする内々の人ばかりが抜擢されることになるかもしれません。それを防ぐためにも、経営陣がよく知っている人を増やすという努力が必要です。

どこにどんな才能が埋もれているかは、本当にわかりません。なので、役員がメンバーと毎日ランチを食べたり、夜、飲みに行ったりして直接話すようにしています。経営陣が現場と接点をもつ機会が多ければ多いほど、優秀人材の発掘も進むので、抜擢も行われやすくなります。

たとえば五人のメンバーと週二回ランチに行き、週二回飲みに行けば、一週間で合計二〇人と話すことができます。一カ月四週で八〇人。一二カ月続けると約一〇〇〇人と話すことができます。

これを「ＣＡ８」と呼ばれる取締役八人全員がやると、一年間で延べ八〇〇〇人と会食して話していることになります。きちんと管理しているわけではありませんが、実際には、それ以上の人たちと会食している感覚です。

これによって、メンバーの声を聞くことはもちろん、優秀人材の発掘もできますし、経営方針や役員の考えなども直接伝えられます。相互のコミュニケーションができることによって、組織もより強くなります。社外との会食も大事ですが、社内の会食を増やすと成果や業績があがると考えています。

メンバーが経営陣を誘ってランチや飲みに行くこともありますが、何か理由を付けて経営陣のほうから現場のメンバーを誘うことが大事になります。

たとえば、私の人事責任者という肩書は大多数の社員にとって縁遠い役職なので、人事に異動した当初はよく知っているメンバーを除いて、食事の誘いはあまりきませんでした。意図的に「一緒にランチに行こうよ」と営業活動をしないかぎり、誰も誘ってくれないのです。ランチに誘って一緒に行くようになっても、最初のうちは「何かの調査ですか」「今日は何を聞きにきたんですか」と警戒されました。

それでもめげずに社内のランチ営業を続けてようやく、「ランチに連れていってくれるらしい」「ランチが好きらしい」という評判が立つようになりました。こうなって初めて、逆にランチや飲みに誘ってくれるようになりましたが、そこまでに数年かかりました。

メンバーにとって経営陣が近いというのは重要なことです。自分の強みを知ってもらう機会が増えれば、それだけ自分の強みを活かせる可能性も高まります。そうした発想で、逆に、若手から社長との接点を求めたのが、「社朝食（しゃちょうしょく）」です。社長と朝食という二語を掛け合わせた造語です。

月に一度、入社三年目までの五人が社長の藤田と朝食やランチに行くというものです。選ばれるのは、各部署で活躍している人です。社長の藤田としても知っておきたいが、実際には業務上の接点も少ないために話したことが少ない若手メンバーたちなのです。

こうして、経営陣が現場のメンバーのことを知る努力を重ねることで、人材を発掘することができます。抜擢の際に、「この人に任せれば成功しそうだね」と役員みんなが思えるのは、役員がその人のことをよく知っているためです。ランチや飲み会で直接話したことがあったり、間接的に現場での活躍ぶりを聞いていたりするからなのです。

メンバー一人ひとりの強みを活かしたいなら、経営陣やリーダーのほうからメンバーに歩み寄り、もっと話をする機会を増やすことが重要です。

「まずは抜く」が抜擢の大原則

抜擢される人は、優秀な人材であり、所属部署にとっても大事な存在ですから、抜擢人事は多くの場合、もめるものです。

たとえば、新規事業を行うにあたって、営業でＭＶＰをとった岸さんをリーダーに抜擢したいとします。営業部門に打診すると、「うまくいくかもわからない新規事業には出せない」と言われるのが普通でしょう。

新規事業が立ちあがらない、新会社がうまくいかない原因のほとんどは人の異動です。「岸さんに異動をお願いしたい」「岸さんは活躍しているので出せない」「では、井上さんでどうか」「井上さんも重要な担当をしているので時間がかかる」ということの繰り返しで時間がかかってしまい、結局、時機を逸して新規事業自体が没になるという話を他社の人事の方から数多く聞きました。

これを避けるため、新規事業や新しいチャレンジを行う際には、人選までセットで一気に決めてしまうことが大事です。くわえて、抜擢においては、「まずは抜く」を大原則にしています。そして、人材を抜かれた部署の穴をどう埋めるかを議論します。他部署から異動で人をもってくるのか、ナンバー2を引き上げるのか、新規に採用するのかを議論します。

私の経験から言えば、ナンバー2を引き上げるのが一番簡単なため大多数であり、ナンバー2が引き上げられたことで、業績が伸びることのほうが多いです。

ナンバー2にとって、トップが他部署に抜擢されるのはチャンスです。「ワンチャンスもらったのでがんばります」というセリフがよく出てきます。ナンバー2の力を一〇〇とすると、引き上げられたことで覚悟が決まり、強みを引き出して一二〇の力を出す可能性は十分にあるのです。

私が営業のトップから人事に移ったときも、残った人たちのがんばりで営業の業績は伸びました。それは、私がメンバーの才能を十分に活かしきれていなかったということと、ナンバー2だったメンバー中心に才能を発揮してくれたことが同居しています。

トップのメンバーの固定化や定着化によって、ナンバー2や3が伸び悩むことは十分あり得ます。つまり、トップを引き抜くことで、ナンバー2や3が急成長するということも珍しいことではないのです。

だから、抜擢では「まずは抜く」が大原則。まずは抜くという前提があると、スピードも速くなります。抜くと決めたら、異動日をその時点で決める。「今は無理。三カ月後くらいなら」と言われたとき、異動日の決定も先延ばしをすると、三カ月後に間違いなくまたもめます。そうならないように、「では、四月一日に異動」と抜く日を先に決めてしまいます。そうすれば、抜かれる部署も抜かれることを前提に組織が動きますので、なんとかやりくりすることができるのです。

抜擢を成功させる秘訣

抜擢をした以上、その抜擢を成功させる必要があります。そのためにやってしまいがちなのが、必要以上の管理や丁寧すぎるフォローです。抜擢をして、その抜擢された人が伸びないのは、実は「上司による過保護」が影響していることがあるのです。

抜擢される人は、一〇〇人に一人くらいの優秀な人材だと思います。その人に新規事業を任せたり、他の同期よりも早く管理職のポジションを与えたりすることが抜擢です。抜擢した優秀な人材を管理したり徹底的にフォローするのは、実は「その人を信頼してない」ことと同じなのです。

　では、どうすればいいか。抜擢した人の才能を開花させる方法は、できるかぎり放置することです。「放置とはまた極端な」と思われるかもしれません。しかし、**「抜擢したら、できるかぎり放置する」**というぐらいに強く言わないと、上司はどうしても心配で関与してしまうものなのです。

　サイバーエージェントは毎年、五社から多いときには一〇社以上の新会社を立ちあげています。その社長のうち七人が二〇代です。彼らが一番悩むのは人の問題です。立ちあげ当初はチーム四～五人、同世代で会社をつくることが多いので、最初は波長も合ってうまくいきます。しかし、次第に意見がぶつかるようになると、進みたい方向の違いが見えてきて、ときにはケンカのような状態になります。

　子会社には、経営のアドバイザーとしてサイバーエージェント本社の役員が役員として入っています。この役員と、抜擢された子会社の社長は、月に一回や週に一回など、定期的にミーティングをするのですが、このときの相談でも多いのが、メンバー同士の不和や、自分とメンバーとの相性など、人に関する問題です。

　そうすると決まって役員は、**「それでどうしたいの?」**と聞きます。子会社の社長が

「こうしたいです」と答えれば、議論することはもちろんありますが、最終的に「わかった。それをやって」と、意思決定の案を本人に出させて、言わせたらそのままやらせます。

これが過保護パターンになると、「こんなことをやるといいよ」とすぐに具体的なアドバイスや動き方の指示をしてしまいます。この瞬間、抜擢された社長は、「社長でなくなる」のです。社長というのは、最終意思決定者です。社長に抜擢した以上、最終意思決定をやらせることが重要で、「社長なんだから、自分で決めるように」と伝えています。

抜擢の一番の効用は、裁量権を渡すことです。裁量権が何かと言えば、それは決断する権利であり、自分で決めて実行する権利です。それを渡さないかぎり、抜擢された人は、絶対に伸びません。

ある若手が社長として抜擢された会社がありました。試行錯誤しながら急成長を遂げていたのですが、その会社が五〇人ぐらいのとき、メンバー同士の対立が起きました。双方が話している内容はどちらも正しく、社会人経験が数年にも満たなかったその社長は、判断に悩み、私のところに同世代の役員と一緒に相談に来てくれたのです。

このとき私は、**「どうしたいの?」「どういう着地にしたい?」**と繰り返し聞いて、基本的には本人たちに解決案を発言してもらうようにしました。

当事者とどういう対話をするのか、その対話の方法はどうするのか。こうした細かいことまで考えを出させました。その結果、なんとか自分たちだけの力でトラブルを解決しました。

抜擢した人は放置すると言っても、本人が相談に来れば、相談にのります。ただし、何をすればいいかは言わず、指示もしません。行うのは質問だけで、本人に考えさせて、言わせて、実行させます。裁量権を与え、決断させます。これが、抜擢した人を成長させる秘訣であり、抜擢を早期に成功に導く秘訣なのです。

独裁と民主主義の使い分け

「今は大変なときなんだ。だからとにかくやってくれ」と、危機意識をあおってメンバーに無理やりやらせようとするリーダーがいます。指示命令型リーダーの一つのパターンです。これがいいか悪いか、少し考えてみましょう。

仕事を緊急度と重要度のマトリクスで考えてみます。緊急度と重要度の両方が高い大トラブルの場合は、部下の話を聞いている余裕はなく、リーダーが「トップ独裁」になるしかありません。ただ、それだけの大トラブルが起きたのは自分の何が足りなかったからなのか、問題解決後にブーメラン思考で自らを反省する必要があります。

緊急度と重要度がそれほど高くない仕事についても、危機をあおってトップ独裁を行うリーダーがいますが、このタイプの唯一の弱点は、相性が合う人しか残らないことです。トップ独裁型で成果を出せるメンバーはわずかしかいません。精神的にも肉体的にもついていけないメンバーが続出し、脱落者が多くなります。

脱落者が多くなるのは、自分ではなくてもいいことがメンバーにわかってしまうからでもあります。メンバーを歯車や兵隊としか考えず、使い捨てにするリーダーのために働こうと思うメンバーは多くありません。早くこのチームから脱出することを考えるのが普通です。

ただ、トップ独裁の指示命令型リーダーであっても、私は完全には否定しません。**「いいんですよ。やりきれれば」**という考え方です。

トップ独裁組織の問題は、相性が合う人しか残らないのと、それゆえに組織として大きな業績が継続的にあがらないことです。トップ独裁スタイルで業績があがり続けるなら、それほどすごいことはありません。

一方で、メンバーの声に迎合するだけで意思決定をしない「えせ民主主義」も組織の停滞を招きます。ボトムアップで声を聞くことは、自分の意見を言えるという主体性をプラスにするよい効果がありますが、ときどき、聞くだけに終始するリーダーがいます。

聞いてくれて嬉しいけど、なかなか前に進まなかったり結果が出なかったりする。こういう場合は、リーダーが決断を恐れている状況です。**「サークルの部長になるな」**と藤田が管理職に伝えた言葉があります。これは組織の目的が何に置かれているかを明確に伝えたもので、意思決定を自ら行い、勝敗にこだわるリーダーになるようにという意味が込められたものです。

自分と他人は必ずタイプが違います。チームには複数のタイプの人がいます。それらのタイプの違う人が力を合わせるから成果が大きくなり、かつ継続的になるのです。

マネジメントがバレる時代

テクノロジーの進化によってデジタル情報の量が以前に比べて飛躍的に増えたことで、

リーダーがどのようなマネジメントスタイルでメンバーと接しているかが、外部の人にもわかるようになりました。

指示命令型のリーダーは、言葉が荒くなる傾向があります。以前なら、つい言ってしまった暴言は、その相手と周囲のメンバーに知られる程度でしたが、今は、社内はもちろん、社外にまで知られてしまう可能性があります。

メールやメッセージで送った文章は、必ず証拠が残りますし、音声も録音しようと思えば、スマホでも、ICレコーダーでも、いつでも簡単に録音することができます。

パワーハラスメントのニュースでは、上司が部下に対してこう言ったと、具体的に言った言葉がカギカッコつきのセリフで出てきます。場合によっては、実際の録音が流されることすらあります。

さらに、コミュニケーションのツールが多様化したことで、友達同士がLINEやフェイスブックなどで、「リーダーからこう言われた」「こんなセリフを突き付けられた」といった情報が、リーダーの知らないところで全部流通しています。これは、いい悪いではなく、そういうことができる時代になっています。

こうして広がるリーダーの発言や暴言が、すべて真実かどうかはわかりませんが、それに関係なく情報は広がりますし、それを止めることはできません。証拠が残っているか、いないかは問題ではなく、とにかくリーダーが発してしまった暴言や罵詈雑言は広まってしまうのです。私はこの状況を**「すべてのマネジメントはバレる」**と言っています。

本当に誠実に、誠意をもって、メンバー一人ひとりの才能と感情に寄り添って仕事をしているリーダーは結果を出していますし、成長しています。と言うより、それができるリーダーしか生き残れなくなったのです。

この流れは不可逆です。マネジメントは必ずバレます。トップダウン型のマネジメントは、決して否定はしませんが、こうした点でも、成果を出すことの継続性が難しくなっていると言えるのです。

私は新任マネジャー向けの研修で、明確にこう言うことにしています。

「マネジメントスタイルはなんでもいい。組織の成果をずっと出し続ける人を厚遇するから」

サイバーエージェントは、基本的に褒め文化です。そのため、「褒めればいいんでしょう」「仲よくすればいいんですね」と、楽しいサークル活動のように誤解して、チームが仲よくなることを目的にしてしまうリーダーがときどきいます。

嫌われているが成果を出すマネジャーと、好かれているけど成果を出せないマネジャー、自分が社長として選ぶならどちらを選ぶかと聞けば、多くの人が前者を選ぶでしょう。

「私はみんなから好かれています」と言っても、成果が出ていなければ評価はされません。それを新任マネジャー向けの研修で言ってあげると、新任マネジャーも気持ちがだいぶ整理できるようです。

そのうえで、**「まずは成果を出す側に行かないとダメ。ただ、成果は出しても嫌われるマネジャーは、長続きしないから、結局評価できないよ」**と言って、「脱落する人が続出したら成果を出し続けられない」ということを伝えます。「チームプレイを重視する」「褒める」「強みを活かす」などのことをやったほうが成果は出て、かつ継続できるのです。

権限移譲には三ステップある

リーダーやマネジャーと話しているとときどき話題に挙がるのが、どのように権限移譲をすればよいかという悩みです。

権限移譲はしたいけれど、失敗されると困る。こういう葛藤の往復のもと、結局は不安が強くなってなかなか任せることができず、結果的には自分で抱え込んでしまって、苦しい状況になってしまう。私自身にも同じような経験があり、苦労しました。

権限移譲や抜擢が上手なリーダーを見ていると、権限移譲には三つのステップがあることがわかりました。

権限移譲のステップは、「やる、見る、任せる」の三つです。

一つ目は「やる」。まずは自分自身が模範となってやる。どのようにやるのかを見せるということです。組織の立ちあがりのときや、新しいものに取り組むとき、または緊急時など一気に立ちあげるときにはこの「やる」フェーズに徹底的に時間をかけていきます。背中で見せるステップです。

二つ目は「見る」。自分は手をほとんどかけずに、「見る」。手をほとんどかけない分、進捗の報告を定期的に受けたり、順調に物事が進んでいるかを観察するというものです。

権限移譲で一番見逃されがちなのは実はこの「見る」ステップで、経験の浅いリーダーが権限移譲しようとすると、この「見る」ステップを飛ばしてできるかぎり関与しない次のステップである「任せる」段階に飛んでいくので、不安が募ったり、失敗が起きてから自分の権限移譲のミスに気づいたりします。そうならないように報告や相談のタイミングを事前に決めておき、「見る」タイミングを知っておくというのも効果的です。

三つ目が「任せる」。ほとんどすべてのプロセスを任せており、確認するのは「目標と成果」の二つくらいです。任せるフェーズになると、任せる側と受ける側双方での信頼関係ができあがっており、進捗を軽く報告していくだけで物事が前に進んでいきます。仮に進捗が悪いときには、すぐに時間をかけて議論するなど、「進め方はどうでもよく、成果を出すことに集中できている」関係性になると受ける側自身も仕事が進めやすく、仕事をお願いする側もかける時間は最小限でよくなります。

この三つのステップによって出せる成果インパクトを数字にたとえると、

やる　一人分
見る　一〇人分
任せる　一〇〇人分

くらいのインパクトの差があると感じています。

「やる」ばかりのリーダーは、一人としてはすごいけれど成果量がなかなか大きくなりません。実はこのワナはリーダーだけでなく人事などの本社機能にもあるもので、「それやりますよ！」と一瞬聞こえのよい言葉で預かるものの、なんでも預かろうとして結果的にスピードが遅くなったり、忘れてしまったりということがあります。

「やるやる詐欺」にならないように、メンバーや自分がサポートする事業部門がどんどん自分たちで決めて進められるようにするのも、より大きな成果を出すために必要なことです。

一方、「任せる」ステップにしているつもりのリーダーも成果が出ていなければメンバーから信頼が得られません。成果がなかなか出ないときには、自らの「やる」ステップが必ず必要です。こう動けば成果が出るんだということを自ら見せること。状況が難局であればあるほど、自分の「やる」を見せて、次に「見る」フェーズを少しずつ増やすことが必要です。

この三ステップは同じ組織において行ったり来たりするのが特徴です。一度任せるフェーズに行けばあとは何もしなくてもよいということではなく、新しい目標を掲げたりする場合にはそれまでの「任せる」リーダーから、「やる」リーダーに自らを変化させることが求められます。

成果量が最大になるように、自分の部署でも「やる、見る、任せる」を定期的に見直すと、組織も個人もさらに強みを活かせるようになります。

報連相タイミングを握る

「抜擢したらできるかぎり放置する」などと言って権限移譲をしても、実際にすべての判断を任せて放置するのは、上司としては怖いものです。放置して大きな事故を起こされると、その人にとっても、企業にとっても取り返しのつかないことになる可能性もあります。

こうした大事故を起こさせないようにするために大切なのが、「報連相のタイミングを握る」ことです。報告、連絡、相談をいつするのか、先に決めておくということです。

何もせずに放置していれば、最初に来る報告は自分が期待しているよりも遅くなり、何か手伝おうにもその余裕がないことがほとんどです。これでは成果も出ないので、任せる上司や役員も困ります。そこで、報連相をしてほしいと要望を伝えるのですが、上司の考える報連相のタイミングと部下が考えるタイミングには必ずズレがあります。

たとえば、上司が部下に仕事を渡したとき、その仕事の進捗などが気になるのは上司です。部下も気にしますが、それは部下なりのものなので、「気になる度合い」が高いのは上司です。

上司はできるだけ細かく報連相をしてほしいと考えるのに対して、部下は一週間に一度でいいと考えていたりします。

私自身で言うと性格はエニアグラムでも完璧主義と出るせっかちで、頻繁に報連相をしてほしいのが本音というタイプのため、私が決めてしまうと、どうしても管理型で過保護になってしまいます。私が明日報告してほしいと思っていても、部下は「来週します」、ときには「来月はじめにします」と言ったりします。これほどまでに、上司と部下の報連相のタイミングはズレているものなのです。

上司が部下に仕事を渡したときから「報連相のタイミング」にはズレが生じるものと考え、最初に報連相のタイミングを決めておく必要があります。

「次、いつ報連相してくれるかな」

こうした問いかけを行います。「来週の月曜日に報告して」と、上司が決めて指示する方法もありますが、うまいやり方とは言えません。なぜなら、本人に考えさせていないからです。ここでも、まず本人に考えさせて言わせることが大事なのです。

自分たちが事故を起こすことなく、上司にも安心してもらいながら自由に仕事を進めるためには、いつ報連相をするのがいいのか。報連相する本人が考えて、自分で決めたほうがいいのです。

上司として「それでは報連相が遅すぎる」と感じたときは、次のように言います。

「そのタイミングで報告してもらうとすると、もし軌道修正しないといけないときに時間が足りなくなるから、もう少し早めにしてもらえるかな」

もう一度本人に考えてもらえるように問いかけます。

放置しつつも報連相タイミングを握ることで、主体性は本人にありつつ、状況把握がコントロールできるようになります。仮に途中で問題やトラブルが起きても、上司もほぼ同じタイミングでわかり、一緒に向き合えますから、対処も比較的速やかにできます。結果、トラブルの大炎上が少なくなり、成果が出やすくなるので、部下の成長も早くなります。

新規事業や新しいことにチャレンジすれば、トラブルは必ず起きます。トラブルが起きることを前提に、トラブルをできるだけ未然に防ぎ、起きたときも大きな問題に発展しないようにすることが大事なのです。

メンバーに仕事を任せたいけれども、なかなか任せられないというのは、多くの管理職の悩みだと思います。それに対する答えの一つが、**「任せて放置する。報連相タイミングは握る」**です。任せて放置しつつ、報連相タイミングを握ることで、上司も少しは安心できるはずです。

松下幸之助さんの言葉として「任せて任せず」という考え方があります。仕事は任せるが、責任は自分がとる、という主旨ですが、そのサイバーエージェント流のやり方が、「報連相タイミングを握る」です。

「障害のイメトレ」をさせる

抜擢した人が実際に相談に来たときによくやってもらうのが、「障害のイメトレ」です。

たとえば、「五人のチームで非常に成果を出せていて、業績もいいので、三〇人増員したい」と、抜擢したチームリーダーが報連相の際に言ったとします。これは、ビジネス経験がある人なら、心配要素がたくさん浮かぶと思います。

少し考えただけでも、「採用基準をどうするのか」「いきなり三〇人も増やして誰が仕事を教えるのか」「はたしてチームとしてまとまることができるのか」「もし相性が悪い人がいたらどうするのか」など、不安な点、想定されるトラブルが見えてきます。

リーダーからの申し出を受けて、三〇人採用することの是非をまず議論します。それでも三〇人採用したいとリーダーが言い張るときは、それ相応の障害のイメトレをさせます。「こういうことが起きる」「こういうトラブルの可能性もあるよね」などと、次々と障害を投げ、解決策を考えさせます。

「溶け込めない人もいるだろうから、そういうときにはどうする？」などと言い、「採用基準はこうします」「三〇人、一人ひとりのコンディションを役員会で報告します」などと解決策を決めてもらいます。

そして、「それでも三〇人採用するの？」と最後にもう一度聞きます。「それでも採用したい」と言えば、その意思は尊重します。

このように最終の意思決定は尊重する前提で、抜擢した人が想定していないトラブルなどを投げかけるのが障害のイメトレです。どう動くか、どう解決するかを考えて決めるのは、抜擢した人です。このときも裁量権は与えて、決断させます。決して「こうしたらいい」「こうしなさい」といった指示命令は行いません。

障害のイメトレをどの程度やったほうがいいかは、障害のイメトレをやることでわかります。「決断までに少し時間がかかるタイプ」「ここまで考えるなんて相当な慎重派だ」など、障害のイメトレを通したやり取りで、抜擢した人の特性が見えてきます。それを見ながら、障害のイメトレをどの程度やるか、報連相タイミングをいつごろにするか、などを考えます。

報連相をさせたのちに、障害のイメトレに取り組ませるのは、それなりに手間暇も時間もかかります。しかし、こうしたやり取りを繰り返すことで、抜擢した人は少しずつ決断ができるようになります。

「経営者を育てたければ、経営者をやらせるのがよい」

神戸大学の金井先生から教わった言葉ですが、これは真実だと思います。リーダーを育てたければ、リーダーをやらせるしかないですし、経営者を育てたければ、経営者をやらせるしかありません。自分が決断し、その決断の結果を自ら受け入れて、次の決断に活かすことでしか、決断力は磨かれません。そのために、仕事を任せて放置し、決断経験を積ませることが重要なのです。

ネガティブは流行る

サイバーエージェントの初期、退職率が非常に高かった時期がありました。このとき経営陣でよく言われていた言葉が、**「ネガティブは流行る」**という考え方です。

一人の人間において、ポジティブな感情が強いときと、ネガティブな感情が強いときの両方があるように、組織においても、ポジティブが強いときと、ネガティブが強いときの両方があります。

ただ、ネガティブのほうが感情的に強い点は共通で、ネガティブは伝染しやすく、ネガティブの共感のほうが簡単ですから広がりやすいという特性があります。まず、この事実を認めることが大事になります。

組織としては、ポジティブとネガティブのバランスをとらなければなりません。放っておくとネガティブが広がりますから、常にポジティブがマジョリティになるように意識する必要があるのです。

退職率が高かったときは、明らかにネガティブがマジョリティでした。このときに足りなかったのは、褒め合うことです。褒め合うことは、お互いに相手のよさを認め合うことで、相手のよさは強みに根差しています。

組織の雰囲気が悪く、ネガティブが流行っているときは、「あいつはダメだ」「あの人はここが弱い」と、リーダーもメンバーも、他人の「弱み」ばかりを見てしまいます。「弱み」を批判し合うのは、ネガティブが流行っている証拠です。

サイバーエージェントでは、毎月末、受注などの業績が締まってから行われる「締め会」で、全部署が表彰を行っています。「ベストリーダー」「MVP」「ベストプロジェクト」など、いくつかのバリエーションがあり、表彰される機会が多くあります。

表彰は、承認欲求を満たしてくれます。自分が出した成果が認められることは、組織の中における自分の存在意義を明確にしてくれること。とても大事なことです。

昨今、ニュースなどで若い人たちが上司や先輩と飲みに行かないという話が出ることがありますが、それは、上司や先輩が好きではないから、行ってもつまらないから、行ってもポジティブになれないからです。楽しければ行くものです。

個人も組織も周囲の雰囲気に影響を受けます。ネガティブがマジョリティになれば一人ずつネガティブになり、ポジティブがマジョリティになれば一人ずつポジティブになります。表彰などのポジティブな雰囲気をつくる努力は、強みを認め合うことにつながって、ひいては組織成果につながります。褒め合うことや認め合うことは、工夫に工夫を重ねても、決して損はありません。

表彰は経営メッセージ

表彰は、ポジティブな組織をつくるのに効果を発揮しますが、ときに、「しらけ」を生んでしまうこともあるので注意が必要です。

私が人事責任者に異動したばかりのころ、全社員が参加する社員総会で、営業職のMVPを表彰しました。表彰式の翌日、女性の営業アシスタントのメンバーたち五人とランチに行くと、次のように言われ衝撃を受けました。

「曽山さん、昨日表彰された営業職の鈴木さん、アシスタントからすごく嫌われているのを知っていますか？」

「え、そうなの⁉　全然知らなかった」

調べてみると、鈴木さんはたしかに大きな成果をあげていましたが、仕事のやり方や頼み方に雑なところがあり、仕事が終わったあとの感謝の言葉もほとんどないことがわかりました。「これはまずい」と思いましたがあとの祭りです。「いい表彰をしたな」と思っていたのですが、真実は違っていました。

鈴木さんを大々的に表彰したことで、少なくともアシスタント五人のモチベーションが下がったことがわかりました。表彰によってモチベーションが下がり、「しらけ」てしまった人がいることは問題です。すぐに改善策を練りました。

それまでは成果を中心に表彰していましたが、成果に加えて、なおかつ人望のある人が壇上に上がれるように変えました。表彰する人を、「成果＋人望」の基準で判断するように変えてから、一番変わったことは、壇上に上がる人のスピーチの中身です。感謝の言葉が増えるようになったのです。「この場を借りて、お世話になった○○さんに感謝を伝えたいと思います」などと、他の人に感謝を伝える受賞者が増えたのです。

これでスイッチが入りました。「私も壇上に立って感謝を伝えたい」と思う人が増え、成果をあげ、かつ人望がある人が壇上に上がるサイクルができました。知らない人が表彰されても、「スピーチがとても素敵だったから、あの人が表彰されてよかった」と受け止められる人が増えたのです。

表彰は、経営メッセージです。表彰者を壇上に上げることで、全社員に対して、「こういう人になってほしい」「この人こそが模範だ」ということを伝えるメッセージになります。だからこそ人望のない人を表彰することは、経営陣がその人を公に認めるだけでなく、社員にそうふるまうように指示しているのと同意になります。表彰の場は経営の宣言の場。成果を出していて、かつ人望がある人を表彰することで、「ああなりたい」と目指す人を増やす努力が必要です。

人望ある人の見つけ方

人望のある人を評価することが大切だと述べましたが、では、人望があるかないかは、どのように判断すればよいのでしょうか。人望のある人を探す方法がいくつかあります。

たとえば、社員総会の表彰は、社員の投票が材料の一つです。部門による人数の差もあるので、多数決には絶対にしません。得票数で決めてしまうと、組織票をつくることもできてしまうからです。

誰を表彰するかは、最終的には役員会で意思決定します。仮に社員の投票がほとんどなくても、役員がいいと思ったら表彰の対象者にします。

「新人賞」「マネジャー賞」「社長賞」など、一〇部門表彰するなら、それを全社員に告知します。投票は任意である、というのがポイントです。強制ではありませんから、投票しなくてもいいのです。誰が誰に投票したかも一切公表しません。投票用紙に書くのは、自分の名前と推薦したい人の名前、その理由の三つだけです。一〇部門全部に誰かを推薦してもいいですし、新人賞だけ推薦しても、誰も推薦しなくてもかまいません。

したがって、「あの人に壇上に立ってほしい」と思う人だけを投票することになり、人望のある人しか推薦されません。

縁の下の力持ちの人は、何人からも推薦されます。しかも、いろいろな部署の人たちの推薦で、推薦理由も様々なら口裏合わせがないことが手にとるようにわかります。その人に人望があることは間違いなく、普通なら見えにくい裏方の人でも推薦を集められる利点もあります。これが現場からの推薦です。

優秀な人材を発掘するために、役員が社員とランチを食べたり、夜、飲みに行ったりしていますが、このランチや飲み会も重要な人材発掘の場となっています。役員が直接話したり、他の人との話を合わせれば、ある人の人望があるかないかはわかります。評判がいい人の名前は頻繁に耳にします。こうして評判情報が得られます。

現場推薦の情報と役員が得た評判情報の二つが、人望のある人を探すための重要な材料となっています。

これに加えて、人事も社員とランチや飲み会に行き、評判情報を得ています。これが三番目です。現場推薦、役員が得た評判情報、人事が得た評判情報の三つがあれば、人望がある人かどうかがだいたいわかる、という仕組みになっています。

様々な視点から評判情報を集めることで、人望ある人を見つけることができるようになります。

褒めを、褒める

ポジティブをマジョリティにするために、褒め合う文化をつくるために、表彰以外にやっているのが、「トピックス」という習慣です。

たとえば、営業チームの新人の秋山さんが案件を獲得したときには、営業担当者全員に「秋山さんが案件を獲得」とメール配信します。秋山さんのことを知っている人は、「秋山さん、おめでとう」と返信します。秋山さんは「ありがとうございます」と感謝を返します。

部署によっては、メールに限らず、チャットや掲示板でもこれを行っています。コミュニケーションツールを使って、みんなの前で褒めると、褒めや感謝の連鎖が起こります。

月末の締め会では、当月のトピックスメールの中で一番よかったものを、「ベストピ（ベスト・トピックス）」として表彰している部署もあります。営業なら営業担当役員が、その月にあったトピックスメールの中で、一番いい褒め方をしたメールや上手な表現で褒めたメールを選んで表彰します。こうして、褒めの連鎖を生み出します。

ブログやフェイスブックで、メンバーがこんな成果をあげましたと書いているリーダーがいると、私も「よく褒めたね。ありがとう！」と褒めるようにしています。組織全体で褒めを連鎖させるほうが得になるからです。

人事などの管理部門でも、毎日のようにトピックスが流れます。そういう話をすると他社の人事から、どのような目標があるのかをよく質問されるのですが、管理部門も毎月全員が目標をもつようにしています。褒められないのは目標がないからで、目標があれば、その目標を達成したら褒められますし、目標に近づいても褒めることができます。

目標がないというのは、役割が不明確なことの表れで、与えられた作業をやっているにすぎず、能動的に動けていないことになります。これは、働くメンバーにとっても不幸なことですから、やはり明確な目標や役割を設定する必要があります。

定性的な仕事の目標設定には、**「セリフメソッド」**と呼ぶ方法が有効です。これは、「曽山さんからこの業務のプロセスがきれいになったねと言われる」といった、上司の褒めセリフを目標にするメソッドです。上司が心から褒めたくなるものは、業績につながるものなので、そのときに出るだろう褒めセリフを目標にするのです。

たとえば、新規事業案件を集める仕事なら、応募件数を目標にするのもいいのですが、内容の優れた新規事業案が提出されることのほうが数よりも重要なはずです。最初は件数を目標にしたとしても、つまらない案ばかりだと経営陣からNGが出ます。ここでどのような目標を設定するか悩みます。

「社長や役員から、いい案が出たねと言われる」

これを目標の褒めセリフに決めて、そう言われるように行動します。ただ件数を増やしても仕方がないので、優れた新規事業案とはどういうものなのかを役員に聞いたり、過去に決議されて実行された新規事業案のポイントを調べて勉強会をしたりするなど、行動が変わっていきます。

私が人事に異動してきたとき気づいたのは、目標があいまいだということでした。そこで目標を明確化しようと言ったら、「人事の目標はあいまいで、定量化は難しいんです」と言われました。「なるほど、その通りだ」と思い、悩んで考えついたのが、「役員や社員に褒められるような仕事をしよう。それ自体を目標にしてみよう」というセリフメソッドです。

アシスタントなど、スタッフサイドも同様の目標なら設定できます。事業部長に対しては、「彼が何をしてくれたら嬉しい？」と聞き、「こういうことをやってほしい」と言えば、「それを目標にしよう」と。

三カ月間の長期プロジェクトの目標なら、月ごとにセリフメソッドを設定して、「予定よりペース速いな」「順調だね」と言って褒めてあげられます。五〇人いれば、毎月五〇の目標を必ず決めて、それを達成したかを必ず見て、達成したら、必ず褒めるようにしています。

「ありがとう」が強みを活かす

組織のポジティブを増やすには、褒めるとともに感謝を伝えることも重要です。褒める機会が少ない場合、まずは感謝を伝える機会を増やすのがおすすめです。「ありがとう」という五文字を、もっと使ったほうがいいと思います。

ある面談で「どんなときに楽しいと感じる?」と聞いたとき、「私は周りから感謝されていればそれだけでいいんです」と言いきった社員がいました。

私自身は、成果を出して上に行くことを目指すタイプの人間だったため、この言葉が非常に意外で、「本当に感謝だけでいいの?」とさらに聞くと、「本当です。感謝されることでがんばれるんです」と答えてくれました。

サポート業務に就いている人には、同様の考えの人も多く、「ありがとう」は、私が思っている以上に大切で、心に響く効果があることがわかりました。

たとえば、自分がコンビニに行った際に、ちょっとした金額のお菓子を買ってオフィスに戻り、「いつも、ありがとう」とメンバーに一言声をかけている管理職がいます。その気持ちが、とても喜ばれます。「ありがとう」は気配りであり、心の会話です。「ありがとう」をちょっと添えるだけで相手の感情はポジティブになり、認めてもらえたという安心にもつながります。そうするともっとがんばろうという気持ちも生まれ、自然と強みが発揮されるようになります。実際、評判のいいリーダーは、必ずと言っていいほどきちんと感謝を伝えています。

「『ありがとう』とかの感謝ってどれくらい伝えている？」

こうリーダーに聞くと、自分が全然伝えていないことに気づくリーダーが多くいます。特に、トップダウン型のリーダーに、感謝を伝えない人が多いという印象があります。褒めるのが苦手というリーダーでも、「ありがとう」を言うことはできるはずです。普段の作業を褒めるのは難しくても、感謝を伝えることはできます。褒める前に、感謝を伝える。この考えをもっておくだけで、組織の雰囲気は大きく改善します。

感謝は、自分の感情も、相手の感情をも動かします。感情を動かすスイッチとして、いつでも使うことができます。褒めと感謝を使い分けることができると、対話がなおよくなるでしょう。スタッフサイドや定量的に測れない仕事をしている人ほど、感謝を伝えることが大切になります。

「ありがとう」は嬉しいもので、感情がポジティブになるので言われたときのことは記憶に残ることも多いのです。「ありがとう」はよい記憶となって残ります。

こみみ情報を集める

ネガティブを流行らせないためには、ネガティブが小さいうちに見つけて、それを排除する必要があります。そのために、サイバーエージェントには「こみみシート」という、人事が小耳にはさんだ情報を書くシートがあります。この「こみみシート」で集められた情報は、役員会に提出されています。

「こみみシート」に書かれるのは、ポジティブ情報とネガティブ情報の両方です。「○○さんが結婚するらしい」「子どもが生まれた」などはポジティブ情報です。噂レベルでも小耳にはさんだら書きます。一方、「○○さんが異動を考えているらしい」「○○さんが悩んでいる」などはネガティブ情報です。

ポジティブ情報は、褒めたり、「おめでとう」とお祝いしたりすればいいのですが、ネガティブ情報に対しては、きちんと手を打つことが大切になります。

ネガティブ情報によっては、意図的にだまっていたほうが本人のためになることもあります。逆に、誰かが何かしらサポートに動いたほうがいいこともあります。どちらなのか、状況をよく見て対処を決めます。

転職や退職については、ネガティブに作用する可能性があります。悩んでいる段階で相談にのるなどできれば、先手を打てますので、ネガティブは流行りません。だから、悪い情報が早くあがってくる組織は、非常に強いと言えるのです。

各事業部の事業部長に対しては、「こみみ情報ある？」「こみみ、まとめてる？」とよく聞きます。事業部長ミーティングでは、**「こみみを集めていれば、ポジティブとネガティブの情報がどちらも見えるから、何か起きてもビックリがないから」**と言っています。

一番よくないのは、情報を拾えていなかったということです。情報を拾えていれば、それへのなんらかの対処ができます。ネガティブ情報は、小さいうちから拾っておくことが重要なのです。

相性は成果で判断

「こみみ情報」を集めるときには、リーダーとメンバーの相性や、メンバー同士の相性の情報にも耳を傾けます。「相性がいい」という情報はポジティブ情報なので、そのままでもよいですが、「相性が悪いらしい」という情報はネガティブ情報なので、何か手を打つこともあるかもしれません。そのため、特にアンテナを高くはっています。

前述したように、様々なタイプの人がいる以上、合わない人がいるのが当然で、それをふまえた組み合わせにするほうがいいと考えています。

どんな状況であっても異動させてあげればいいということではないですが、リーダーとメンバーのどちらもが、プラス・プラスになるのであれば、異動させたほうがいいですし、合わないなら、どんどん組み合わせを変えたほうがいい、というのが人事のスタンスです。それは、無理してがんばらせても力が発揮できないケースが多いからです。

合う、合わないは両者の言い分を聞いて判断しますが、基本的には何かしらの組み合わせを変えるようにしています。ストレスをためすぎた状態の場合には、弱みばかりが出てしまい、強みが発揮できないからです。

リーダーが変わったら成果を出すメンバーもいますし、メンバーが変わることで成果を出せるようになるリーダーもいます。メンバーが、「今のリーダーとは合わない」と思っても、なかなか自分から動けないことのほうが多い。こうした情報を小耳にはさんだら、すぐに話を聞くようにしています。

相性問題は、それを露呈させた状態で異動などを行うと、将来、そのリーダーとメンバーの人間関係のしこりのようになる可能性もあります。だから多くの人事はもめるくらいなら触れないでおこう、と簡単には異動させないのです。しかし、それでメンバーがつぶれてしまう可能性があるなら、手を打つ必要があります。人事が内密に面談を行い、本当に異動させないとつぶれてしまうのかを幹部で議論し、必要であれば異動させます。

こうした経緯を当事者であるリーダーに伝えることもありますが、伝える必要がない、伝えないほうがいいと判断した際には、ごく普通の人事異動のように何も言わずに異動させます。

担当役員に、リーダーとメンバーの相性が悪くてうまくいっていないことを伝えると、担当役員がその担当範囲内でメンバーを別のチームに移してくれるケースも多くあります。この場合は、人事が関与せずに問題が解決します。ただ、小さい部門の場合は、人事が関与しないと異動できませんから、人事が動きます。

好き嫌い、特に嫌いという感情は侮れません。「好き嫌いで仕事をするな」と言うのは正しいのですが、嫌いという感情はネガティブで強い力があり、メンバーだけでは解決できないこともあります。いい悪いではなく、どうしたら成果が出せるか、から考えるしかありません。矛盾を抱えながら前に進めるときには、成果から考えるしかないのです。まずはメンバーに指導して本人に改善を促すことが一番です。ただしそれでも難しいなら、別の選択肢を考える。時間が解決してくれることもありますが、そうでないときには一つひとつ作戦を決めて動かすしかありません。

相性の悪いメンバーがいるリーダーに対しては、マネジメントの方法や対話の仕方について相談にのります。リーダーは、そのメンバーを他部署に出したいわけではなく、より活躍してほしいと考えていることのほうが圧倒的に多いので、そのメンバーの強みを一緒に整理したり、対話の方法を考えたりするなどして、前進できるようにサポートします。

メンバー同士の相性が悪い場合は、両者が不満をもっているケースもありますが、片方が気づいていないというケースのほうが多いのです。不満があるメンバーとの対話で「どうしたい？」と聞いて対処を考えます。もちろん両者のリーダーにも相談して、リーダーがどうしたいかも聞きます。

「北村君と西村君がぶつかっていますが、こういうぶつかりも経験しておく必要があるから、もう少し様子を見たい」というような意図があれば、それに従います。そうではなくて、本当に合わないのであれば、どちらかを異動させれば、多くの場合は落ち着きます。

相性問題でも、まずは当事者の強みが活かされているのかが重要です。強みを活かせていないのであれば成果が出ませんから、異動させます。あくまで成果や業績から逆算して、強みを活かすという原点に立ち返って判断します。

会議の最初にポジティブを

部署やメンバーに何か問題があって、その課題解決を目的とした会議や面談をするときには、課題について話す時間が多くなるのが自然だと思います。しかし、課題だけに注目すると、その会議や面談で使われる言葉そのものがネガティブになってしまい、暗い雰囲気に包まれ、よい解決策が生まれないというケースもよくある話です。

たとえば、組織の課題を出し合うミーティングを行うと、課題が次々とたくさん挙げられて、リーダーが「こんなにあるのか！」とキレてしまったりします。また、お互いの課題を挙げ合ってメンバー同士がケンカを始めたりすると、最悪の雰囲気になって解決策どころではなくなってしまうこともあります。

こうしたよくない雰囲気を避けつつ、課題を直視したいときには、**「まずポジティブから出そうか」**と言って、まずは各メンバーに、思いつくポジティブな点を、二分ぐらいかけて紙に書き出してもらいます。

次に、それについての意見を一人一つずつ発言してもらいます。「いい人が多い」「誰もが意見を率直に言える」など、先ほど書いたポジティブな要素を、全員に発言してもらいます。たくさんのアイデアを出したいときには、全員に発言してもらうことが重要です。

この際、メンバーが発言したポジティブな点をホワイトボードに順番に書くとさらにその効果が高まります。「ホワイトボード効果」と呼ぶ、同じものを全員で見ることで共通項が増えるという習慣です。これによって、ポジティブな点をみんなで認識することができ、ポジティブな要素の共通認識ができます。自分のノートだけを見ているよりも、同じホワイトボードをみんなで見ているほうが共通項が増えるので、信頼関係のポイントが一段階上がります。

　ポジティブをみんなで眺めて雰囲気がよくなったところで、ネガティブな課題を個人ワークで、二分ほどかけて紙に書いてもらいます。あとはポジティブのときと同じ手順でホワイトボードに書き出します。

　ネガティブのほうは、言葉が厳しくなりがちなので、「かもトーク」を活用しましょう（六三頁参照）。ネガティブな要素であっても、文末に「かも」を付けて書き出すと、受け止めやすくなります。

　逆に、やってみるとわかりますが、ネガティブを出してからポジティブを出そうとすると、ポジティブが出にくくなります。このことでも、人間にとってネガティブのほうが強い共感や印象が残されることがわかります。

　課題に向き合うときには、先にポジティブな点を挙げてからネガティブな課題を挙げるようにすると、冷静に課題を見ることができ、よい解決策につながりやすくなるのです。

ネガティブに考え、ポジティブに生む

表彰は「しらけ」を生みやすいと前に述べましたが、新しい制度やサービスを導入したときも、「しらけ」を生んでしまうことがあります。この「しらけ」を生まないために、人事では制度やサービスを導入する前に、徹底的に「しらけのイメトレ」を行うようにしています。

「なんだよ、この制度、○○じゃないか」と言って、しらけるシーンをイメージトレーニングするのです。

このとき大事になるのが、セリフそのものはもちろんですが、誰がそのセリフを言うのかです。男性が言うのか、女性が言うのか、新入社員なのか、二～三年目のメンバーなのか、リーダーなのか、あるいは事業部長なのか、セリフと人をセットでイメージします。

人事担当者数名が、「しらけのイメトレ」を行ったら、しらけのセリフと人をセットにしてホワイトボードに書き出します。これらが、この制度やサービスを導入するにあたっての課題です。

これらすべての課題を解決する必要はなく、メインターゲットとなる人など、キモとなる人を見定めて、「この人のこのセリフはまずいよね」と、優先順位をつけて具体的な解決策を考えていきます。マネジメントクラスには、より詳細な説明会を先に実施する、メンバーには、わかりやすい資料を配布する、といった打ち手を考えるのです。

このように、制度を導入する少し前に、徹底的にネガティブに考えて、自分たちにダメ出しをします。しかし、実際にリリースするときには、ポジティブに明るく前向きに出します。この「ネガティブに考え、ポジティブに生む」というのは社内でよく使われている言葉です。

徹底的にイメージトレーニングをしても、ネガティブな反応は出ることはありますが、「しらけのイメトレ」をしておくことで、そうした反応もだいたい想定内になり、素早く対処することができます。

「そうだよね。だから、こういうふうにやろうと思っています」「次のバージョンアップ時には、その意見を反映させたいと思います」

あらかじめネガティブな反応をイメージしておくことで、実際の不満や意見に対して、前向きに向き合うことができるのです。もし、「しらけのイメトレ」をやっていないと、ネガティブな反応にはいろいろなタイプの反発がありますから、対処が非常に困難になります。

対処が追いつかないために逆ギレしてしまったりすると、新制度は絶対にうまくいきません。また、優等生を気取って「すべてに必ず対処します」と言っても、実際には対処しきれませんから、現場が混乱し、新制度は結局うまくいかなくなります。

新しい制度やサービスを導入するときには、「ネガティブに考え、ポジティブに生む」のが基本原則なのです。

合宿で視点をそろえる

サイバーエージェントには、合宿をよくやる文化があり、役員は三カ月に一回、一泊二日の合宿を行っています。ホテルや旅館など、普段と違う場所に行きます。役員八人が日常から離れて丸一日、中長期の経営課題を議論します。

このような役員合宿が初めて行われたのは二〇〇三年です。そこで会社の「21世紀を代表する会社を創る」というビジョンや、人事制度の強化策が決まり、定期的に合宿を行うことが決まりました。それまで先送りされていたものが、三カ月に一度の役員合宿で棚卸され、中長期の目標を決めるなど、大きな意思決定が行われます。合宿が、自分たちを変化させる習慣にもなっています。

役員が、担当分野の違いを乗り越えて、共通の目標は何か、共通の経営課題は何かなどを議論することは重要なことです。一人ひとりの実力があればあるほど、みんな勝手な方向に行きたがります。しかし、それでは組織の力としては高まりません。幹部こそ集まってきちんと議論し、進むべき方向性を一つにすることが大切なのではないでしょうか。

宿泊はしないまでも、丸一日議論するワンデイ合宿を、多くの部署でやってくれています。変化対応できるように、共通の目標を確認するために、三カ月に一度は集まろうという趣旨です。

役員は、合宿以外に、役員会を毎週二時間行っています。何を話しているかというと、このうちだいたい一時間は雑談です。この雑談から知らない情報や新しい考えが生まれるので、役員組織のチームビルディングにはとても大切だと感じています。

「あのニュースをどう見るか」「こういうことが起きたけれども、今後どういうことが予想されるか」など、一つのニュースについて、ああでもないこうでもないと議論します。

これによって共通項が増え、役員同士の信頼関係が強まり、役員会としてのぶれがなくなります。一つのテーマについて雑談することで、チームが一つになれるのです。

私は、合理性向の強い社員だったので、昔は「雑談なんて必要ない」と思っていたタイプでしたが、今は、雑談は非常に重要だと考えています。雑談によって組織と組織の間にある情報が行きかうようになり、お互いを助け合う文化が生まれるきっかけになっています。

感情を考えると、雑談ができるぐらいの心の余裕がないと、よい経営判断はできません。また、仕事以外のことにも注意を払い、目配りができていることが、経営判断にも重要です。そのことがわかってから、私自身も視野が広がった感覚があります。

組織の目標をみんなで決める

強い組織は、同じ方向に向かい、目標が一つです。目指すものは多いより、少ないほうが組織は強くなります。そこで、部署ごとに自分たちの目標を自らが考えて決めて発表するプロジェクト・レポート（プロレポ）を三年ほど前から始めました。

目標を決める「プロレポ会議」は、部署によっては時間をかけてじっくりやるところもありますが、だいたい二時間程度でやる部署が多いです。個人個人で組織の目標の案をあらかじめ考えてきてもらい、一人約一分でそれをプレゼンします。それらを全員で議論してもいいですし、人数が多ければ、三～五人のチームに分けて議論し、それから全体で議論します。担当役員や事業責任者がそれらの議論をすべて聞いたうえで最終的に一つの目標を決定します。

たとえば人事部門には約四〇人いますが、いくつかのチームに分かれており、採用チームなら十数人です。こうした一〇～二〇人がチームとして集まり、四～九月、一〇～翌三月と、半期ごとに目標を一つ決めます。

プロレポという冊子やポスターには原則として、組織の目標だけでなく、個人の写真が一緒に掲載されていることが条件になっています。自分の写真も掲載されているので、自然と当事者意識も高まります。

その冊子やポスターは、役員会で審査されます。毎回数十件を超える応募があり、賞などを決定します。

多くの企業がそうであるように、私たちにも大きな経営目標があり、営業の各部署などには、その大きな目標を達成するための数字が割りあてられます。ときにはこのように目標が降りてくるということもあると思いますが、その目標を「自分たちの目標にする」という翻訳作業が、プロレポのキモです。

スローガンにしたり、ポスターにしたりすることで、自分たちの目標がより明確になります。降りてきた目標であっても、それを自分たちの目標に変換しようと自ら考えるようになると、組織に対する貢献への当事者意識がとても高まります。何より、目標に対して受け身でなくなり、能動的に動くようになるというのが一番の変化です。だから目標設定からメンバーみんなで一緒にやるのです。

目標に対して能動的な組織はとても強い。当事者意識が高くなり、助け合いもありますから、組織としての成果も出やすくなります。

また、この目標にはどんな意味があるのかという目標の意味づけができるのも大きなポイントです。企業としての目標があり、部署としての目標があり、自分の目標があるわけですが、それらがきちんと結びついていることを理解していると、目標の意味づけができますし、自分の仕事の意味づけもできます。

仮に他人からはつまらない仕事に見えたとしても、楽しそうにやっている人は何が違うのかというと、「仕事の意義づけ」に大きな差があります。自分なりの仕事の意義づけや意味づけができると、仕事に対する意欲や姿勢が大きく変わります。自分の目標や仕事にどんな意味があるのかを考えることは、自分の強みを活かすためにもとても大切なのです。

私が誰かに仕事をお願いするときも、「**この仕事には、こういう意味があるんだよ**」と伝えるようにしています。その意味がきちんと伝わると、メンバーのその仕事に対する意欲や姿勢が大きく変わります。その仕事の意味や重要性を理解し、価値のある仕事として受け取るのか、単なる作業として受け取るのかではだいぶ違ってくるものです。

メンバーは意図がわからない仕事を、「作業」として受け取ります。だから、つまらない仕事だと思い、成果も出ないのです。リーダーがその仕事の意味づけを伝え、組織貢献にどうつながるのか、成果にどうつながるのかを伝えると、部下のがんばり度合いが格段にあがっていきます。

「議題は人だけ」の会議

私が六年の取締役を退任し、執行役員になってから取り組んだことは、人材開発。人材の才能をもっと発揮できるような環境がないか、埋もれている才能がないかなどについて人事メンバーと徹底的に議論しました。そこで考えたものが「議題が人だけ」の会議です。

これは「人材覚醒会議」と呼ぶもので、二〇一五年から開始しました。この会議の根本となる軸は**「見つけて、任せる」**という考え方です。才能ある有望な人材を見つけて、よいポジションを任せる。「才能発掘の習慣化」と言い換えることもできます。

私たちは人材が抜擢や異動によって大きく飛躍を遂げて成長することを「覚醒」と呼んでいますが、それが習慣となるように実施していこうと決めたのがこの会議です。

形式としては半年に一度、役員だけで行います。持参する資料は、全社で活躍している人材の一覧です。役員や事業部長、技術者のトップ人材、若手の活躍人材など様々な切り口でだいたい一〇〇～二〇〇人分の情報を持参します。

その際には対象となる人材の顔写真の一覧を用意します。ちなみに役員会ではできるかぎり、顔写真を見ながら人事について議論するということを大事にしています。顔のイメージがわくことで、その人の人となりを思い出したり、背景にある考えや環境を想起することが容易になったりするからです。

人材覚醒会議においては議論のポイントが二つあります。一つ目はご紹介した「見つけて、任せる」という考え方で、これは**「今もすごくいいけど、もっと伸びるかもしれない」**という人材を見つけておくというもの。二つ目は**「異動の決議が目的ではない」**ということです。あくまで異動前提ではなく、その社員の将来の選択肢を、全社視点で議論することに集中します。異動前提としないことで、活発な議論ができています。

一人の人材について、八人の役員があぁでもない、こうでもないと議論する。「彼は本当に優秀だね」「今もいいけど、ほかに活かせるところがあるならさらに伸びそうだね」など、「議題が人だけ」だからこそ、個人の強みを活かした可能性について議論することができます。

この人材覚醒会議の所要時間ですが、実は一時間程度で実施しています。しかし成果はすでにたくさんあり、たくさんの人材について議論できているだけでなく、複数の役員級の人事異動案が出て異動したあとさらに活躍した事例ができたり、この会議で議論されたメンバーが子会社の社長に何人も抜擢されたりという実績が生まれています。

　この人材覚醒会議は、他の事業部門の幹部だけで定期的に実施されているケースも出てきました。「議題が人だけ」という会議は、時間がわずかでも幹部が人材の活かし方について共通認識をもつことができるものです。事業のチャンスと社員の強みとをつなげて、業績の拡大につなげていく。こういう、人に注目する習慣が、組織も人も飛躍させていくのです。

【対 談】

実践・強みを活かす

GEジャパン株式会社
人事部長 谷本美穂氏

社員全員がリーダーシップを発揮する取り組み

MIHO TANIMOTO

谷本 美穂（たにもと・みほ）

慶應義塾大学卒業。2000年、GEに入社。人事リーダーシップ・プログラムに選抜され国内並びに米国の金融部門で業務ローテーションを行う。その後、米国金融部門の人事担当、日本GE本社部門の採用リーダーや組織開発マネジャーを歴任。2011～2014年の間は米国のGEグローバル本社にて次世代グローバルリーダー開発担当マネジャー。帰国後は日本地区の組織開発・人材育成リーダーを経て、2016年2月よりGEジャパン人事部長を務める。

面談は成果を出すためにやる

谷本　社員の強みを活かすにあたって、GEが一番大事にしているのはリーダーシップです。社員全員がリーダーシップを発揮することを目指しています。リーダーシップとはスキルではなく、他の人に対してポジティブな影響力を与える、日々の行動であり、考え方のことです。

GEでは、リーダーシップを発揮することが、個人の成長に深く関係していると信じており、「ピープル・レビュー」と呼ばれるタレント・レビュー（人事評価）でも、その人がどんなリーダーシップを発揮して、どんな成果を出したのか、それを周囲がどう見ているのかをディスカッションします。

そして、その人が成長するためのアクションプラン（行動計画）を立て、それをみんなで合意し、実行をフォローするまでが、ピープル・レビューだと考えています。

目標管理制度も大きく変えました。一人ひとりがジョブ型のプロフェッショナル・キャリアであり、一人ひとりに求められている期待値が明確に決められているのは同じです。しかし、どうしたらもっと成果を出せるようになるかという視点から、上司と部下が頻繁に対話をして、その人のうまくいっているところ、いっていないところをタイムリーにフィードバックするようにしたのです。

曽山　タイムリーなフィードバックは、その人の成長にとって大事ですね。私たちも一〇年ほど前から管理職とメンバーの「月イチ面談」を推奨しています。毎月一回の面談で話し合うことは三つ。前月の成果についての振り返りと、目標設定に向けた今月の計画、そして時折、将来のキャリアについて聞くようにしています。ポイントは、強制ではなく推奨にしている点です。上司と部下の信頼関係ができていれば、別に面談をしなくてもいいのですが、信頼関係ができるまでは頻度多くやったほうが、お互いに変化がわかります。

外資系の企業では、ワンオンワン・インタビュー（一対一面談）を日常的にやっていると聞きますが、GEもそうなのですね。ちなみに、どのくらいの頻度でやっていますか。

谷本　月イチだったり、二週間に一回だったり、多ければ一週間に一回ということもあると思います。一人ひとりに期待されている成果があり、その成果を出すために、「ワンオンワン」をやっているので、ケースバイケースです。プロジェクトによって毎週必要な人もいれば、一カ月に一回でいい人もいるでしょう。ゴールに向かって何をしなければいけないか、そのためのワンオンワンです。

仲間からのフィードバックで気づきを得る

曽山　面談以外にも、タイムリーなフィードバックを行う仕組みがあるそうですね。

谷本　リアルタイムのフィードバックとしては、目標管理システムを、パフォーマンス・デベロップメントというシステムに変更して、頻繁なフィードバックを組み入れました。「PD@GE」というツールを社内で開発し、スマートフォンからでもアクセスすることができます。これで、「LINE」のように、いつでも、誰でも、誰に対してもメッセージを送ることができます。

送る内容は、「これからも続けてね」という「コンティニュー・インサイト」と、「次やるときは、こんなことを考えてみたらどうかな」という「コンシダー・インサイト」の二つです。送られてきたメッセージを見られるのは本人だけで、あくまでも個々人の成長のためのフィードバックです。

曽山　これは、普段のやり取りにも使われるのですか？　それともフィードバック専用なのでしょうか。

谷本　フィードバック専用です。メールと連携はしていますが、業務連絡などには使いません。

曽山　ここで言うインサイトは日本語で言うとどういった意味でしょう？

谷本　気づきです。

曽山　上司や部下、同僚が、「いいことだから続けてね」というコンティニューな気づきと、「ここは直したほうがいいよね」というコンシダーな気づきを送るということですか。

谷本　そうです。私も使っています。ただ、コンティニューは送りやすいのですが、コンシダーはなかなか送りづらいものです。コンシダーを送りやすくするカギは、トラスト、信頼関係です。信頼関係があると、コンシダーのメッセージを受け取っても、「これは自分のことを思って送ってくれたんだ」と感じられるでしょう。

曽山　もともとGEの中では、部下や同僚のポジティブな側面や課題について、メールでフィードバックする文化はあったのですか？

谷本　メールを使うことは特にすすめていませんでした。以前から上司には部下へフィードバックをしてくださいとは伝えています。それをできるだけタイムリーにするための工夫であり、それが成長支援になると考えています。実際に自分がフィードバックをもらってみて、「本当に言ってもらってよかった」と思うことが多々あります。
また自ら、「インサイトを送ってください」とお願いすることもできます。そのほうが、周りの人はコンシダー・インサイトを送りやすくなります。特に、「ピープル・リーダー」と呼ばれるリーダーには、自分がよりよいリーダーになるためにインサイトを送ってもらうよう、促しています。
インサイトを読むと、嬉しいこともあれば、ショックなこともあります。しかし弱みであっても早く知ることができれば、それだけ適切な手を打つことができます。こんなにありがたいことはありません。私は今では、コンシダーのほうが嬉しいぐらいです。

曽山　慣れてくるとそうかもしれませんね。谷本さんは誰からもらうのですか。

谷本　上司からも送られてきますし、チームのメンバーからももらいます。
ピープルリーダー・トレーニングを今年から始めるのですが、その第一ステップが、チーム全員からインサイトをもらうことです。自分の強みを理解していますか、メンバーが言いたいことを言える環境づくりをしていますか、といったことをサーベイして、まずリーダー自身が見て、現状を振り返るところから始まります。

強みは逆境で発揮される

曽山　一方で、リーダーが自分の強みを理解するためのツールや取り組みはありますか？

谷本　ツールは特にありません。対話は、GEが大事にしてきたカルチャーで、一年に一回、上司とキャリアの相談をしますが、そのときのシートに、強みと改善点を書く項目がありました。強みにフォーカスするカルチャーはずっとあります。

曽山　それは何かフォーマットがあるのでしょうか。

谷本　ありました。改善点に関しては、改善プランまで書くようになっていましたが、それをやめました。「PD@GE」に変え、コンシダー・インサイトで早く気づいて早く改善するようにしたのです。

曽山　キャリアの面談が年に一回あるのですね。それは、どれくらいの時間をかけるものなのですか。

谷本　おすすめしているのは一時間です。以前は同じ時期にやっていたのですが、みんなが一斉にやるのは適切ではないという声があり、変えました。それぞれに成長のスピードや面談のベストタイミングは違うので、いつやるかは、上司と部下で相談して決めてもらっています。

強みを見つけるためではないのですが、GEでは、自分の「リーダーシップ・ストーリー」を話してもらうセッションがあります。これは、次世代リーダーに選ばれた人たちが、自分はいったい何者なのか、何をやりたいのか、自分のリーダーシップの特徴は何かなど、自分のことを五分間話します。

ビジネスのプレゼンと違って、自分のことを話すのは難しいものです。多くの人たちは、このリーダーシップ・ストーリーを考える過程で、初めて自らを深く振り返ります。これまでに、どういうことを言われて育ってきたのか、どんな経験をしたのか、どんな価値観をもっているのか、こうした自分をかたちづくっているものは何なのかを考えることで、強みも見えてくるのではないでしょうか。

また、これまで経験して苦しかった場面で、どうやってそこから這い上がったのか、どうやって逆境を乗り越えたのか、そこにも自分の強みを見つけるチャンスがあるように思います。

「苦労をしないとリーダーシップは生まれない」と言うと、ちょっと言い過ぎかもしれませんが、逃げられない環境に置かれたとき、難しいチャレンジをすることになったときに、どう先に進んでいくか、ポジティブで前向きな自分にもっていくか。これはリーダーシップを鍛えるうえで大きな要素です。

曽山　修羅場の中で強みが出てくるというのは、ありそうですね。リーダーシップ・ストーリーを話すセッションはどういうときに行うのですか。

谷本　次世代リーダーの育成プログラムは一年間続きます。その間、数人ずつに分けて、ビジネスリーダーや直接の上司など三〇人ぐらいの前でスライドも使って話します。グローバル・リーダーとして、英語で話してもらう場合もあります。話し終わったあと、質問を受けますが、かなり厳しい質問が飛ぶこともあります。

相互理解が深まるほど信頼関係が高まる

曽山　リーダーの育成プログラムについて伺いたいのですが、そのプログラムを受けられる人は何人ぐらいいるのですか。

谷本　選抜された二〇人ぐらいです。

曽山　それはＧＥジャパンの中で、ですか。

谷本　グローバル・プログラムもありますが、ジャパンでやっているプログラムもあり、リーダーシップ・ストーリーはジャパン・オリジナルです。グローバル・メニューではありません。

曽山　二〇人の年齢はどれくらいですか。

谷本　年齢は関係ないのですが、三〇代半ばから四〇代半ばの人たちが多いでしょうか。

曽山　これまでの人生のモチベーションの上がり下がりを書いてもらう「モチベーショングラフ」に近いかなという印象をもちましたが、ご存知ですか。

谷本　私は、「イキイキ・いじいじチャート」と呼んでいます（笑）。社内でも、信頼関係を築く「トラスト・セッション」でよく使います。一〇人ぐらいが輪になり、オフィス以外の場所でソファーに座ってリラックスした雰囲気でチャートを書いてもらい、加えて、自分が認識している自分の強みと弱みのトップ3を書いてもらいます。さらに、あなたのパッションは何ですか、何に対して情熱をもっていますかという問いにも答えてもらいます。

そして、一人五分くらいずつ、チャートや自分の強み、弱み、パッションについて話してもらいます。チャートと強み、弱みは、リンクしていることが多いですし、周りの人が感じているその人の弱みと、本人が認識している弱みはほとんど同じだということがわかります。ギャップはあまりありません。

そして、この人は自分の弱みがちゃんとわかっているのだとわかると、その人を見る目がガラリと変わります。仕事の場面でその人の弱い部分を見ると、「悪気があってやっているわけではないんだ。助けてあげたいな」と思うようになります。お互いに深く知り合うと、一歩寄り添えるようになるのです。

曽山 私たちは、このモチベーショングラフの線を「キャリアライン」と呼んでいるのですが、GEでは何と呼んでいるのでしょうか。

谷本 私たちは、「ライフライン」と呼んでいますね。GEでは、トップ役員が自分のライフラインを書いて、発表し合うこともやっています。

曽山 これをやると相互理解が進みますよね。トップ同士が相互理解を深め、信頼関係をより高めるためにやっているのでしょうか。

谷本 そうです。また、よく泣く人が出ます。自分で話しながら、家族のことや友達のこと、いろいろな思いが交錯するのでしょう。それを見ていると、この人にもこんな側面があるんだ、私と同じだなと思えます。お互いの心が寄り添います。

行動指針がすべての軸

曽山　次世代リーダーを選んで、育成プログラムを受けさせるという話でしたが、そもそも優秀な人材をどうやって見つけているのですか。

谷本　「GEバリュー」、今なら「GEビリーフス」（行動指針）がすべての軸となります。採用も、育成も、評価も、すべてGEビリーフスを中心に回ります。GEビリーフスに沿った人を採用し、その人が成果を出す人だと信じています。

GEの仕組みは大雑把で、細かくはありません。何に力を入れているかと言えば、その仕組みを回していく人たちの感覚を研ぎ澄ますことです。みんなが正しいと思える判断、成長につながる判断をしてくれるリーダーが仕組みを回していくと、次の人たちが育ってくる。こうした大きな流れを大事にしています。

曽山　制度自体ではなく、制度を運用するほうに力を入れているということですね。バリューからビリーフスに変わったのが数年前ですよね。大型の変化だったと理解しているのですが、いかがですか。

谷本　今まではトップ五〇〇人のリーダーをインタビューして、成功の法則として五つのバリューがあったのですが、これからの時代、勝っていくためには、こういった行動が必要だろうということでGEビリーフスになりました。

曽山　これを社員三〇万人以上に浸透させることは、想像もつかないほど難しいことだなと感じます。まだまだ進行中かもしれませんが、そのためにグローバルでやっている取り組みがあれば、教えてください。

谷本　GEビリーフス的な発想をもち、行動に起こせるリーダーをピープル・リーダーと定義しました。そこから「ファストワークス」という新しい働き方が出てきました。「PD@GE」も、GEビリーフスから生まれた新しい仕組みです。

これは私の個人的な考えですが、一番大事なのは行動とリーダーシップが評価につながることだと思っています。「A・B・C」などの評価レーティングをなくし、ディスカッションをすることで、社員一人ひとりのピープル・レビューを作成しています。

ディスカッションをする人たちが公平に、その人の成長を真剣に考えて議論することが大事なことで、運用を研ぎ澄ますというのはそういうことです。

曽山　評価レーティングをやめると、誰が優秀か、一〇〇人なら見えるにしても、一〇

○○人、一万人となると、さすがに見えないのではないかと思うのですが、どうやって見つけているのですか。

谷本　まずは小さい単位でディスカッションを行い、次第にそれを大きく広げながらディスカッションを重ねるので、大きな成果を出している人は常にウオッチすることができます。そして一〇〇人、二〇〇人の中で特に光っている人が次世代リーダープログラムに選ばれます。

曽山　なるほど、成果を出している人はタグづけされているのですね。

谷本　はい。GEは、成果ありきの企業カルチャーなので、成果を誰がどれだけあげているのか、リーダーシップをどれだけ発揮しているのかは、レーティングしなくても、ディスカッションの中で自然と理解されていきます。

このディスカッションの内容を言葉にして本人に伝えるほうが、「A・B・C」といったレーティングを伝えるよりも、はるかに有意義なのではないかと考え、レーティングをなくしたのです。評価する人たちが、その人の仕事のどの部分を評価し、何をさらに期待しているのかを具体的に知らせたほうが、本人の成長につながるという考えなのです。

強みを発揮するためには、自分で決める

曽山　一人ひとりの生産性を高めるためには、その人の強みを活かすことが大事になります。そのための仕組みや取り組みとして、どんなものがあるのでしょうか。

谷本　GEは、自分で決める、決めさせることを強く意識した仕組みになっています。モチベーションは、人から引き出されたり、与えられるものではなく、自分の中から湧き出てくるものだと思います。

自分で自分のキャリアを決め、自分がやりたいことを自分で考えて決めてもらう。会社が「この仕事に就いてほしい」と提案することもありますが、その場合も、最後は本人が「チャレンジします」と言うことを大事にしています。その積み重ねなのではないでしょうか。

そしてまずは、何においてコンスタントに成果をあげられるのか。自分の強みをよく知ることです。強みは成果につながるものです。そのためには、何か一つ、自分の専門をつくる、ある分野のプロフェッショナルになることが大切です。

なんでもできる人よりも、何か一つに長けている人のほうが、これからの時代には必要

なのではないでしょうか。リーダーは、すべての答えをもっている必要はなく、自分のもっていない強みは、メンバーの誰かがもっていれば、その人に任せて、チームとして勝っていけばいい。そのためにも、一人ひとりが専門性をもっているほうが強いと思います。

曽山　最後に、強みを活かしたいと思っている人へのアドバイスをお願いします。

谷本　私は、パッションという言葉が大好きです。ぜひ皆さんには自分のパッションを見つけてほしいです。自分の人生のテーマは何だろうと考え、それを自分で決めて、それを追いかけることをおすすめしたいですね。

曽山　何に対して自分は情熱をもつのか、このパッションこそが原動力になるから、それをぜひ見つけてほしいということですね。ありがとうございました。

【対 談】

実践・強みを活かす

株式会社リクルートホールディングス
人事統括室長 瀬名波文野氏

一人ひとりを「面白がる」イメージで

AYANO SENAHA

瀬名波 文野（せなは・あやの）

早稲田大学卒業。2006年リクルート入社。2年間の経営企画室勤務を経て、「ビジネスの最前線へ」という希望のもと、HR（人材サービス領域）のソリューション営業に。

グローバル企業をクライアントに国境を越えた人事支援に取り組んだ後、自ら手を挙げグローバル派遣事業へ異動、ロンドンへ単身赴任。買収直後の人材関連企業の立て直しを担い、赴任1年半で英国2法人のトップに就任。売上高約350億円規模の企業を経営。事業成長の実現と自身の部下への社長サクセッションを行った後に帰国。2016年4月より現職。2016年 Forbes Japan「世界で闘う日本の女性55人」に選出。

差異こそが価値を生む

瀬名波　リクルートの強みは、面白い人、ちょっと変わった人がたくさんいることです。役員はもちろん、社内を見渡しても、個性の強い人が要職についています。

そして、変わっている人に対して、「変わっていて面倒くさいな」と思うのではなく、「あいつ変わってて面白いんだよね」と考える企業文化があります。上の人がこれを言うと、その場の空気が一変します。いい組織には、いい風が吹いているもので、面白がるのが上手な人がいるといい風が吹きます。

人間は、自分と同じタイプの人と接するほうが、楽だし、気持ちよく、コミュニケーションも早いでしょう？　でも、同じタイプの人ばかり集まっても組織は強くなりません。自分が苦手なことでも、それを得意にしている人が必ずいます。お互いに違いがあるからこそチームとしていい仕事ができる。いろいろと違う強みをもった人がたくさんいる会社は強いと思います。

曽山　一人ひとりの違いや差が大切ということですが、それを理解するための研修や仕掛けがありますか。

瀬名波　新年度の歓迎会やキックオフの場などで、自己紹介をしてもらうときに、「それで、それで?」と何度も突っ込んだり、どんどん質問したりして、通り一遍な紹介ではなく、その人の「人となり」まで話してもらいます。

また、経営幹部から各チームメンバーまで、あらゆる階層で合宿が行われるのですが、その最初にも、こうした「濃いめの自己紹介」をやります。

リクルートでは、「私たちは、新しい価値の創造を通じ、社会からの期待に応え、一人ひとりが輝く豊かな世界の実現を目指す」ことを経営理念として大切にしています。強みが違う人たちがアイデアを出し合い、意見をぶつけ合うことで何かが生まれる。差異が価値を生むとみんなが信じています。

ぶつかり合うのは怖いと思うのが普通ですから、ぶつかり合っても大丈夫な人間関係をつくるために、また、早くぶつかっていい議論ができるように、最初に「濃い目の自己紹介」を行うのです。

もう一つ言うと、リクルートでは、「○○はどうしたい?」という言葉が、コミュニケーションのスタートであり、これに答えられるだけの自分なりの論があることが、一人前の証となります。私も、何十回、何百回と「瀬名波はどうしたい?」と言われてきました。

自分はどうしたいのかを常に考えることで、自分の強みや弱みを自覚することになりますし、他人との違いをはっきりと意識することにもなります。

発言のハードルを下げる方法

曽山　「○○はどうしたい？」と聞くことで、その人の考えや意見を引き出してあげているのですね。個人の意志を大切にしていることがよくわかります。
瀬名波　自分はこの仕事を通じてこれを実現したい、世の中をこうしたい、など、自分なりの論をもつと、誰かにぶつけたくなります。それを発信すると、リスクもありますがいいこともたくさんあります。
私自身、沖縄の田舎育ちで、人前で積極的に話したいわけでも、話術に長けているわけでもありません。それでもこうして大勢の前で曽山さんと対談しているのは、何かを発信することで、様々な反応があり、新たなアイデアのヒントがもらえたり、仲間ができたりした経験が過去にたくさんあったからです。スモール・ウインを積み重ねることで、自分の考えや意見を発信することの本質的な意味合いを体得してきました。

自分の考えや意見を発信することは、面倒であったり、怖かったり、不安になったりしますが、ぶつけることでしか反応は得られないと思っています。

曽山　自分の考えや意見を言うのが苦手な人もいますよね。そうした人へのアドバイスはありますか。

瀬名波　自分の論をもつためには、まず自ら考えるしかありません。とにかく本人がやるしかありませんが、周りはそれを言いやすくする工夫ができます。たとえば、私たちは会議やミーティングのはじめに、「一人一分でチェックインしようか」と言って、最近あった嬉しかったこと、今の気分などを一人ずつ話してもらうことがあります。「昨日ネットで見たこんな記事がすごく面白くて……」といった、会議のアジェンダには直接関係ないことを話すことで、発言するハードルを下げるのです。

曽山　チェックインという言葉があるのですか。

瀬名波　正式に何かあるわけではないですが新しいチームや、様子見でまだお互いに打ち解けきっていない場合には、主題に入る前に、チェックインを意図的にやりますね。

曽山　会議などで、最初に全員に一回話してもらうのは大事ですね。私たちは、「紙に書かせる作戦」で、最初に個人ワークで紙に書いてもらってからアイデア出しや議論を始めると発言が増えます。

瀬名波　何のための会議かにもよりますが、そのテーマに対して最も考え抜いている人が、一番多く発言すべきだと思っています。それは、多くの場合、現場のメンバーです。マネジャーの役目は、現場のメンバーが話しやすくなるようにすることです。たとえば、同席している部門トップが、自分の経験からメンバーの意見にダメ出しをしたとします。このときに、「おっしゃる通りです」と風向きを読んでしまうか、「いえ、実はそうでもなくてですね……」と言えるかが、重要な分かれ目です。特に、メンバー自身が、部門トップに「そうではない」と言えるのが理想です。

しかし、さすがにそれは難しいことが多いですから、マネジャーが助け舟を出して、メンバーが言いやすくなるようにします。メンバーのストレートな意見をつぶさないことが何よりも重要で、メンバーの発言を面白がって聞く、度量の大きな上司が多くいると活発な議論ができます。

逆に、自分の意見をもたずになんでも上司に賛同するばかりだと、仕事をしていないのと同じ。考え抜いたうえで自分の意見がきちんとあることが大前提です。

鋭い問いが、メンバーの思考と行動を詳らかにする

瀬名波　また、リクルートは、表彰するのが大好きな会社です。表彰には、成功事例を他部署にも共有する目的があるので、表彰状に「評価基準」や「プロセス」「教訓」を具体的に書いて褒めます。その人の意志と強みが発揮できたときにいい仕事ができると思うのですが、それを言語化して、徹底的に、かつ、大げさに褒めます。この表彰状を書くのがうまいマネジャーは、仕事ができます。

曽山　表彰状を書くのがうまいマネジャーは、メンバーのことをよく見ているのだと思いますが、何をどのように見ているのでしょうか。

瀬名波　表彰状を書くのがうまいマネジャーだからといって、必ずしも頻繁に会議に参加したり、ワンオンワン（面談）をよくやっているというわけでもありません。

メンバーの一挙手一投足を見ていなくても、感じる力が強いマネジャーは、質問がうまいのです。鋭い問いを投げかけるので、その問いに答えるために、メンバーは自分の行動やその背景にあった意志を改めて考え、伝える努力をします。

「こうやったのですがうまくいかず、でも、どうしてもやりたかったので、今度は、こう

やってみようと思い、やってみたらうまくいきました」と。
何が究極の目的で、そのために何を実現したくて、プロセスの中でどのような壁があり、その壁をどう乗り越えたのか、具体的に何を工夫したのか。なぜこのメンバーは、この瞬間にこの行動に出たのかということを素直に知りたいと思うから、鋭い問いが立てられるのだと思います。その問いによって、ほとんどのことが詳らかになる。そういう上司は、褒めるのもうまいです。メンバーも、各論で褒められたら嬉しいものですよね。

曽山　瀬名波さんは、人事担当になる前は、イギリスで子会社の社長をしていましたが、メンバーは何人くらいいたのですか。

瀬名波　二六〇人ぐらいです。

曽山　そのとき、メンバーを観察するために意識してやっていたことはありますか？

瀬名波　まず、各個人の得手不得手を見極め、それに合わせて仕事をアサインすることです。これができない組織長は意外に多いと思うのですが、チームでパフォーマンスを出す一番シンプルで最も重要なポイントはここだと思っています。
いい組織には、いい風が吹いているので、その風を感じるときは安心です。一方、目には見えないのですが、空気がよどんでくるときがあります。よどんでいることがわかって、よどんでいるよと言っても何にもなりません。なぜ空気がよどんでいるのか、空想を巡らし、仮説を立てて、何人かに話を聞いて、ようやく理由がわかります。このプロセスの連続が、個人の得手不得手のより深い理解や、チームとしての組み合わせ方を磨くヒントになりました。その繰り返しですね。

全社員の能力開発について議論する制度

曽山　リクルートには、「人材開発委員会」という仕組みがあると聞いていますが、どんな会議なのでしょう。

瀬名波　全社員一人ひとりがもっている強みや才能を、どうやったら最大限発揮できるように開発できるかを議論するのが人材開発委員会です。私の部下のメンバーを議論する場合には、上司である私、別の部署の私と同等級の組織長（メンバー本人から見たら斜め上の上司）、私や彼らの上司である役員（メンバーから見れば上司の上司）で議論します。

別の部署の組織長を入れるのは、視点を増やして複眼的に見るためです。私が気づいていない、そのメンバーの強みを知らされることもあり、自分のチームメンバーをもっときちんと見なければという、いい緊張感が生まれます。

曽山　どれくらいの頻度と時間で行われているものなのですか。

瀬名波　人材開発委員会は、年に二回、全社員に対して行われます。一人にかける時間には多少の差があり、次世代リーダーを議論する場合には、社長をはじめとした執行役員が集まり、より長い時間をかける場合もありますが、一人ひとりの強みは何で、課題は何か、こういうポストにつけたいと思うがどう思うかなど、こういった個々の人材開発のポイントがクリアになるまで、可能なかぎり議論します。

曽山　すごいなと思うのは、人という議題だけですよね。こういうことをやっている会社は少ないと思います。

瀬名波　人材開発委員会は、査定会議ではなく、その人の評価を決めたいわけではありません。その人の能力を最大限発揮させるには、どういう仕事に就いてもらうべきか、どういう上司や部下と仕事をしてもらうべきかなど、その人の能力開発だけに焦点を絞った議論を行います。

曽山　査定や評価はまったく関係なく、その人の能力開発だけを議論する。これを聞いて、私は「人材覚醒会議」をやろうと考えました。役員が六〇分間、若手の活躍人材やエンジニアのトップ人材など、ざっくり一〇〇人ぐらいのデータを用意して、その中の数名の能力開発について、ああでもないこうでもないと議論することにしたのです。

人材開発委員会のポイントの一つは、別の部署のマネジャーを入れる点だと思いますが、横の関係で見るメリットは何ですか。

瀬名波　自分の知らないその人の強みを教えてもらえる点です。上司と部下という一本の関係性だけでは見えづらい部分が必ずあります。

また、人間にはいろいろな面があるので、私の目から見たらこう、別の人から見たらこうと、光をあてる光源がたくさんあればあるほど、その人が立体的に浮かびあがります。立体的に浮かびあがるからこそできる能力開発の議論があります。だから時間をかけて、手間をかけて、別の部署の人や私の上司などと一緒に議論するのです。

曽山　多面的に見ることで、その人の強みの選択肢が増えるということですね。

自ら手を挙げて異動できる

曽山　瀬名波さんは、自分から手を挙げて、イギリスに行かれたそうですが、何かそれを可能にする制度があるのですか。

瀬名波　「キャリアウェブ」という社内公募制度があります。社内求人サイトのイメージですね。人事が社内の空いているポストを集めて、それを社内のイントラネットにあげ、どういった経験や能力が求められているかはもちろん、「僕たちはこういう意志でこの仕事に取り組んでいるので、共感する人は仲間になりませんか」という求人側の想いなども記載しています。

やりたいと思った人は応募します。面談がセットされ、求人側がＯＫを出せば、異動成立です。応募した人の上司に拒否権はありません。

曽山　それは強烈ですね。異動に際しもめることなどないのでしょうか。

瀬名波　求人側と応募者がマッチングしたあと、応募者に最終意思決定の期間を与えます。上司に拒否権はないのですが、異動してほしくないと上司が思えば、この期間に慰留することは可能です。それで応募者が、異動せずに現在のポジションにとどまると決めたらそれはそれでハッピー、異動はなくなります。

逆に、慰留されても本人が異動を決断した場合には、なぜチャレンジしたいのかの説明責任をお世話になっている上司に対して果たすことになります。本人の最終意思決定の期間中に「異動したい」という意志を翻意させることができなければ、上司はその異動を止めることはできないという仕組みになっています。

曽山　異動されてしまった上司は困りますよね。どうするのですか。

瀬名波　もちろん必要に応じて補充します。ですから、通常の人事異動の時期である四月よりも少し早くキャリアウェブを行い、そこで空いたポストは通常の人事異動で補うようにしています。

「できるかぎり任せる」が人材育成のポイント

曽山　リクルートと言えば、起業家精神をもった若い人たちが、次々と新しいことにチャレンジしている印象がありますが、その裏側には、多くの失敗もあると思います。チャレンジをして失敗した人に、どういったフォローをしていますか。

瀬名波　もちろん「折れてしまう」前に救いますが、折れても自力で立ちあがれるときは、任せておきます。本当に必要なときだけ、人事が介入したり、上司がフォローしたりします。

曽山　人と人との関係性でフォローに動くわけですね。

瀬名波　前提として、「あなたがこの仕事をできるかは、上司である私にもわからない。あなた自身にもわからないだろう。だけれども、こうこうこういう理由でこの仕事を任せたい」という期待があります。上司も本人も、その仕事ができるかは完全にはわからないと知っています。そのうえで、上司は期待し、メンバーは期待に応えるためにチャレンジするのです。

だからこそ、上司が手や口を出せば、メンバーがチャレンジしたことになりません。できるかぎり何もしないというのが正しい上司の姿勢なのですが、これが難しい。

曽山　私も、「できるかぎり放置」が、人材育成の重要なポイントではないかと考えています。「放置するなんてかわいそう」と思うかもしれませんが、そうではありません。その人の可能性に期待して任せたのなら、上司が手を出すことは、その人を信頼していないことと同じです。できるかぎり放置することが、その人の能力を伸ばすためには大事なのです。

瀬名波　特に、組織長になり、より高いレベルでリーダーシップを発揮していくタイミングになると、限られた材料で意思決定をして、ときに周りが反対する方法によってでも事業を前に進めなければならないときがあります。自分で決めて、万が一失敗したら責任をとる覚悟が必要。そして、失敗しても折れきらずに事業の未来のためにもう一歩足を踏み出せるかが問われます。痛みを味わい、落ち込んでもなお、もう一歩足を踏み出す。そこがやっとスタートラインということがあります。

そのときに、口を出したり、助け舟を出したりしない。育つのを邪魔しない。上司としてはそのほうが難しいのですが、とても大事なことだと思います。

強烈な強みを重ね合わせてチームとして勝つ

曽山　強みを活かす企業文化になっていない会社があるとします。瀬名波さんなら、まず何から始めますか。

瀬名波　超簡単です。まず自分から始めます。自分の周りに面白い人が必ずいるので、その人を面白がることから始めますね。

会社として強みを活かす文化がないとか、社長がそういう人ではないとか言っても何も始まりません。自分に変えられないことを嘆くのはエネルギーのムダです。自分が変えられることは何かということに絞って考えると、できることは結構あります。

自分が仲間を面白がることで、踏み越えられなかった一線を踏み越えられるようになると、組織としていい風が吹き始めて、チームでいい仕事ができると思います。いい仕事ができたら、「違いを面白がって活かしたからいい仕事ができた」と正々堂々と自慢する。

そうすると、それを見た人たちも、「そっちのほうが成果が出るんだ」と思い、みんなが真似し始めると思うんです。

曽山　自分ができることからやる。うまくいったら自慢する。このツーステップで広がっていくと。

瀬名波　こっちのほうがいいとわかれば、みんなこっち側に来ます。だから、最初に踊る人になればいいのです。

今は、変化が激しくて予測できない時代です。普通にやっているだけでは生き残れません。個性がある人の強烈な強みと、別の人の強烈な強みを活かして、強みを重ね合わせてチームとして勝負していかないかぎり、いえ、それでも勝ち残れるかわからないような時代です。人事として、また次を担う世代として、そうした危機感があります。

足りないところや課題ばかりに目がいって、それらを直すことばかりやると、どんどん平均化してしまう。残念ながら、平均的な人がどんなに増えても、平均かそれ以下の仕事しかできません。

差異が価値を生むと信じて、一人ひとりの「尖がっている部分」を大事にして、さらにどうやってもっと伸ばすかを考えるのが、現在の人事の仕事だと考えています。

一人ひとりを「尊重する」というよりも、「面白がる」というやわらかいイメージかもしれません。是非、仲間の誰かに「面白いねえ！」と言うことから始めてみてください。ちょっと大きめの声で、少し大げさに言うのがポイントですよ（笑）。

あとがき

感謝の気持ちです。神戸大学金井先生、東京大学中原先生にはご推薦を。GEジャパン谷本さん、リクルート瀬名波さんとは対談。早稲田大学大学院入山先生、GAPジャパン志水さん、クックパッド小竹さん、日本ラグビーフットボール協会中竹さんとはイベントにて。慶應大学髙橋先生、リクルート豊田さんと世界観ゼミの皆さん。学習院大学守島先生、明治大学野田先生、多摩大学大学院須東先生、横浜国立大学服部先生。ピープルファーストト八木さん、ユニリーバ・ジャパン島田さん、QVCジャパン鈴木さん。曽山塾西田さん、対馬さん、黒子さん、清水さん。HRエンジン西村さん、橋本さん。サイバーエージェント経営陣、藤田、日高、岡本、中山、小池、山内、浮田。広報の上村。武田、膽畑、向坂と人事管轄のみんな。藪本、久慈、荒井、サイキャストのみんな。PHP研究所の櫻井さん、川上さん、的場さん、渡邊さん、平澤さん、高橋さん、瀬間さん。編集で大変ご尽力いただいた中澤さん、坂田さん。この本の名付け親の樹理。そして、クラウドファンディングご支援の皆様。「強みを活かす」、広めていきます。皆様、本当にありがとうございました。

曽山哲人

「強みを活かす」プロジェクトメンバー

▼麻野耕司
▼UUUM株式会社
▼日本生産性本部
▼株式会社Lang-8
▼佐野健一
▼世一英仁
▼株式会社ランクアップ
▼三石郷史
▼瀬名波文野
▼中川繁勝
▼早川与規
▼大八木晋平
▼井上俊一
▼森川里美
▼くすのきまいか
▼三城雄児
▼藤原誠司
▼福山敦士
▼対馬慶祐
▼荒井俊一
▼竹腰仁(リプレイス)

▼伊東宏祐
▼水野雄介
▼小森勇太
▼福井敦
▼琉球インタラクティブ
▼上澤田真吾
▼うおまさ
▼ヤフー伊藤羊一
▼黒水則顕
▼ODNJ中部分科会
▼株式会社HDE高橋実
▼前川和也
▼佐藤邦彦
▼本高祥一
▼黒子好章
▼公家直樹
▼前仲太郎
▼伊藤慎一
▼岩井勝利
▼平井達也
▼弘世信一

▼とうがらし金成柱
▼GLM千貴行
▼音なぎ省一郎
▼篠崎絵里子
▼三村弘幸
▼野瀬絢
▼志水静香
▼伊林徹
▼LMC代表/小塚康司
▼田口めぐみ
▼一家武史
▼内田開己
▼金美玲
▼藪本拓也
▼木内文昭
▼矢内加奈子
▼森恵
▼黒崎勇也
▼林優
▼増田稜
▼松村留里子

▼須東朋広
▼永井勇輝
▼長屋悠（FAJ）
▼吉田幸一
▼入江佐和
▼原口翔伍
▼米山結人
▼明瀬美賀子
▼幸喜穂乃
▼工藤美香
▼三木芳夫
▼鳥羽聖人
▼チカイケ秀夫
▼柳澤郁哉
▼西村創一朗
▼久保貴資@大阪市
▼在川浩太
▼七條歩
▼須田瞬海
▼うるる小林伸輔
▼衣川憲治

▼クボケイタ
▼ヒラノケンタロウ
▼久慈秀斗
▼やま元ようすけ
▼小出一郎
▼福山秀仁
▼坂本雅明
▼KazooOkubo
▼宇都宮雅敬
▼柴田朋子
▼増田悠
▼近長由紀子
▼中村光海
▼木田敬也
▼飯尾貴波
▼松村英彦
▼藤澤めぐみ
▼菊地美希
▼上辻雅義
▼徳山公美
▼月岡貴聡

▼荒川千華
▼伊藤裕史
▼八木哲也
▼北川愛
▼剣持雅俊
▼副島雄二
▼穂積千尋
▼Tomoki.W
▼伊藤広宣
▼根岸侑平
▼冨永若子
▼本間貴幸
▼波多江直彦
▼長谷波慶彦
▼澤野誠
▼お仏壇のやく
▼長尾敏
▼藪本幸一
▼井出和徳
▼秋廣尚斗
▼石黒武士

▼江幡智栄
▼宝谷友憲
▼ウィルグループ下釜空
▼秋元優喜
▼山本真也
▼松原太陽
▼安宅啓
▼神崎智恵
▼町田聖
▼児玉悠佑
▼五十野健史
▼佐々木純
▼伊藤哲之輔
▼仲亀敦
▼小山剛史
▼小澤政生
▼稲葉光寛
▼若林宏治
▼池田敏之
▼野村直裕
▼坊垣佳奈

「強みを活かす」プロジェクトメンバー

▼永石まこと
▼水野博仁
▼中川敏明
▼田巻大介
▼中村好伸
▼松岡滉一
▼室山一茂
▼中西康恵
▼井上孝
▼金澤元紀
▼和田直樹
▼里見知行
▼津田智史
▼RyoNagai
▼藤沢勇輔
▼廣瀬史昂
▼丸尾美子
▼山下浩幸
▼木川直樹
▼熊沢昌紀
▼上野智

▼山田元基
▼山崎秀雄
▼濵口魁希
▼吉田浩一
▼小曽根康晴
▼木村祥子
▼大木一真
▼大江隆允
▼吉良文孝
▼佐藤賢司
▼宮山卓也
▼丸山紀美代
▼吉村由宇
▼菅原洸
▼Kyamo
▼纐纈順史
▼金指光伸
▼関口基治
▼橋本祐造
▼池田友伸@TTK
▼楢木毅

▼原嶋宏明
▼津田慧
▼後藤貴志
▼野村尚史
▼古屋晃司
▼森俊一郎（GMBA）
▼田中悠太
▼野島義隆
▼櫻井章浩
▼高見真人
▼小林実来
▼篠田俊英
▼R-body中島秀之
▼西田政之
▼アプリ佐々木義郎
▼高城栄一朗
▼坂井隆之
▼H.OKAZAKI
▼木村幸弘
▼内山達貴
▼五十嵐裕萌

▼山下茂樹
▼小畑絵美子
▼肥田康宏
▼西坂勇人
▼小河原英貴
▼安藤純一
▼中里祐次
▼中西達弥
▼右田雄介
▼奥平博史
▼四方克実
▼加藤れい
▼森元行
▼とんがり柏雅弘
▼片岡裕貴
▼村井洋元
▼宮田岳
▼橋本静香
▼木村晋也
▼山本幸治
▼須山一成

▼塩谷真彦
▼井上怜
▼照屋成次
▼宮本千恵子
▼伊倉康太
▼富樫雄太
▼櫻井済徳
▼元木加奈子
▼星野尚哉
▼高瀬基
▼大寺一清
▼佐塚祐一郎
▼田中裕樹
▼板谷晃良
▼加藤雄一郎
▼桑野俊一
▼小林一木
▼新庄祐樹
▼木村良昭
▼江夏幾多郎
▼武藤史子

▼山下和之
▼細井俊一
▼福島隆寛
▼山下真己実
▼坪内宏典
▼ＨａｎａＬａｂ．高木
▼Ｑｕｉｐｐｅｒ
▼大阪府増井かおり
▼石崎勝俊
▼小林恭孝
▼小此木秀雄
▼Ｙ．ＴＡＫＵ
▼平川優太郎
▼佐々木貴美
▼浜岡範光
▼西村彰人
▼宮内佑佳
▼鷲田学
▼かわたやすお
▼中尾充宏
▼トルガエフタメルラン

▼金光君和
▼渡邊大介
▼上野朝大
▼末廣征
▼関智一
▼渡邉慎平
▼綱島真央
▼服部努
▼長谷川貴久
▼前田孝浩
▼ヒューマンファースト
▼岸本しのぶ
▼佐藤ユウスケ
▼岩崎謙汰
▼デザインワン本田豊
▼上山美樹
▼石田裕子
▼酒井正洋
▼ピクシブ株式会社川上
▼野村麻子
▼青木隆幸

▼亀本健司
▼冨澤慈人
▼一川允宏
▼清水淳一
▼米津恵子
▼佐藤奈緒
▼水本敦則
▼雄大
▼豊嶋弘史
▼真渓伸介
▼清水亮介

PHP

Business Shinsho

曽山 哲人（そやま・てつひと）

株式会社サイバーエージェント取締役人事統括。

上智大学文学部英文学科卒。株式会社伊勢丹（現・株式会社三越伊勢丹ホールディングス）に入社し、紳士服の販売とECサイト立ち上げに従事したのち、1999年株式会社サイバーエージェントに入社。インターネット広告事業部門の営業統括を経て、2005年人事本部長に就任。現在は取締役として採用・育成・活性化・適材適所の取り組みに加えて、ブログ「デキタン」、Facebookページ「ソヤマン（曽山哲人）」をはじめとしてソーシャルメディアでの発信なども行っている。

著書に、『サイバーエージェント流 成長するしかけ』（日本実業出版社）、『サイバーエージェント流　自己成長する意思表明の仕方』（プレジデント社）、『最強のNo.2』（ディスカヴァー・トゥエンティワン）、『クリエイティブ人事』（金井壽宏氏との共著、光文社新書）などがある。

PHPビジネス新書 381

活躍する人のセオリー

強みを活かす

2017年8月1日　第1版第1刷発行

著　　者　曽山哲人

発行者　岡修平

発行所　株式会社ＰＨＰ研究所

東京本部　〒135-8137　江東区豊洲5-6-52

ビジネス出版部　☎03-3520-9619（編集）

普及一部　☎03-3520-9630（販売）

京都本部　〒601-8411　京都市南区西九条北ノ内町11

PHP INTERFACE　http://www.php.co.jp/

装　　幀　齋藤 稔（株式会社ジーラム）

組　　版　朝日メディアインターナショナル株式会社

印刷所　共同印刷株式会社

製本所　東京美術紙工協業組合

ISBN978-4-569-83613-3

「ＰＨＰビジネス新書」発刊にあたって

わからないことがあったら「インターネット」で何でも一発で調べられる時代。本という形でビジネスの知識を提供することに何の意味があるのか……その一つの答えとして「**血の通った実務書**」というコンセプトを提案させていただくのが本シリーズです。

経営知識やスキルといった、誰が語っても同じに思えるものでも、ビジネス界の第一線で活躍する人の語る言葉には、独特の迫力があります。そんな、「**現場を知る人が本音で語る**」知識を、ビジネスのあらゆる分野においてご提供していきたいと思っております。

本シリーズのシンボルマークは、理屈よりも実用性を重んじた古代ローマ人のイメージです。彼らが残した知識のように、本書の内容が永きにわたって皆様のビジネスのお役に立ち続けることを願っております。

二〇〇六年四月

ＰＨＰ研究所